FÁCIL Y RÁPIDO CON EXCEL

FÁCIL Y RÁPIDO CON EXCEL
Soluciones prácticas
para la vida cotidiana

Francisco Rodríguez González

Fácil y rápido con Excel / Francisco Rodríguez González
ISBN-13: 978-1-5428-7159-4 (tapa blanda)

RESUMEN DE CONTENIDOS

Índice general

CAPITULO 1

INTRODUCCIÓN

¿Por qué esta magnífica tecnología científica, que ahorra trabajo y nos hace la vida mas fácil, nos aporta tan poca felicidad? La repuesta es esta, simplemente: porque aún no hemos aprendido a usarla con tino.
                        —**Albert Einstein** *(1879-1955) Científico alemán nacionalizado estadounidense.*

Excel 2016 forma parte del conjunto de programas Microsoft Office 2016. Es un programa avanzado de hojas de cálculo que ayuda a crear rápidamente libros dinámicos y profesionales para resumir y presentar datos. Aunque este libro esta basado en Excel 2016, puede ser utilizado con versiones anteriores de Excel, tanto en su versión de Windows como de macOS (antes OSX).

Fácil y rápido con Excel está diseñado para aquellas personas que desconozcan totalmente o tengan un nivel muy básico de Excel. Los ejemplos que aparecen en él están relacionados con problemas cotidianos que nos surgen en nuestro día a día, como pueden ser la organización de los horarios escolares de nuestros hijos o la planificación de nuestra boda.

1.1 Cómo está organizado este libro

Cada capítulo recoge una solución a un problema cotidiano. La solución se presenta de principio a fin, sin tener que leer otra parte del libro. Puedes saltar a la solución que te interese en un momento determinado. Aunque te recomiendo que leas la Introducción que explica la organización y técnica básicas de Excel.

Tu problema lo verás totalmente descrito, solucionado y lo podrás modificar según tus necesidades. Según avances en los contenidos de una solución, las tareas a realizar serán cada vez más complejas. Si lees todos los capítulos, obtendrás un conocimiento y un manejo de Excel bastante aceptable y podrás aplicar estos conocimientos en otros aspectos de tu vida, como puedan ser los profesionales.

Este libro no es un curso reglado y sistemático de Excel. Simplemente describe las técnicas necesarias para resolver los problemas cotidianos propuestos a lo largo de sus capítulos.

Por último, en el Apéndice A, se listan los atajos (o métodos abreviados) de teclado, que permiten acceder a las funciones y comandos de Excel rápidamente, pulsando unas pocas teclas y sin usar el ratón.

1.2 Convenciones tipográficas

P	Presionar la tecla **P**
Ctrl + P	Presionar la tecla Ctrl y sin soltarla pulsar la tecla P
Ctrl + ⇧ + P	Presionar la tecla Ctrl y sin soltarla pulsar la tecla ⇧ y sin soltarlas pulsar la tecla P
Guardar como ...	Nombre del cuadro de diálogo **Guardar como...**
Aceptar	Botón **Aceptar** de un cuadro de diálogo
Inicio	Nombre de una pestaña o menú
Inicio ≫ Fuente ≫ Negrita	Indica como navegar por el menú o ficha **Inicio** hasta el submenú o el comando **Negrita**
Botón derecho ≫ Copiar	Accede a un elemento del menú del botón derecho del ratón.
= A2 * 3 + B5	Indica la fórmula escrita en una celda.
C:▸Users▸Pepe	Indica una ubicación en el disco duro
✈	Truco para usar Excel de una forma más fácil y rápida
🗒	Resaltar un concepto o ampliar información.
✋	Información importante a tener en cuenta antes de continuar.
💡	Sugerencias o actividades adicionales.

1.3 Conceptos genéricos de Excel

1.3.1 Libro

Libro es el archivo en el que se trabaja y donde se almacenan los datos. Cada libro puede contener una o varias hojas en su interior, como los libros en papel o como si guardaras hojas en un portafolios. Esto te permite organizar varios tipos de información relacionada en un único archivo.

Cuando crees un libro en blanco en Excel, la aplicación presentará el aspecto de la figura 1.2. En este libro en blanco inicial sólo aparecerá una hoja.

1.3.2 Hoja

La hoja de cálculo es el elemento principal que se utiliza en Excel para almacenar y manipular datos. Una hoja de cálculo está formada por celdas organizadas en columnas y filas y siempre forma parte de un libro.

Utiliza las hojas de cálculo para mostrar y analizar datos. Los datos pueden introducirse y modificarse simultáneamente en varias hojas de cálculo. Los cálculos pueden ejecutarse basándose en los datos de distintas hojas de cálculo.

Si se crea un gráfico, éste puede colocarse en la hoja de cálculo con sus datos correspondientes o en una hoja de gráfico. Una hoja de gráfico es aquella que sólo contiene un gráfico en una hoja distinta de la que contiene los datos.

Los nombres de las hojas aparecen en etiquetas en la parte inferior de la ventana de la hoja de cálculo (véase figuras 1.2 y 1.1). Para moverte de una hoja a otra, haz clic en las etiquetas de las hojas.

1.3.3 Añadir nuevas hojas a un libro

La pestaña de la parte inferior indica en que hoja nos encontramos: en este caso es la **Hoja4**. El símbolo más dentro de un círculo (⊕) a la derecha de la pestaña de la hoja sirve para añadir más hojas al libro, como se muestra en la figura 1.1. Para seleccionar una hoja, solo tienes que pinchar sobre su pestaña.

Figura 1.1: Hojas en un libro de Excel

 También puedes añadir hojas al libro con el atajo de teclado ⬆ + F11

 Excel asigna un nombre por defecto a las nuevas hojas que crées. Puedes cambiarle el nombre por algo que sea más descriptivo de los datos que contiene. Para ello, haz doble click sobre el nombre de la hoja, y entrarás en modo de editar el nombre. Para finalizar pulsa la tecla Intro o ↵.

1.3.4 Celda

La celda es la subdivisión de la hoja Excel, identificadas por un código de de columna (una o varias letras en las lineas verticales) y de fila (un número en las lineas horizontales de la hoja), como se aprecia en la figura 1.2. A cada rectángulo de la retícula se le denomina **CELDA**.

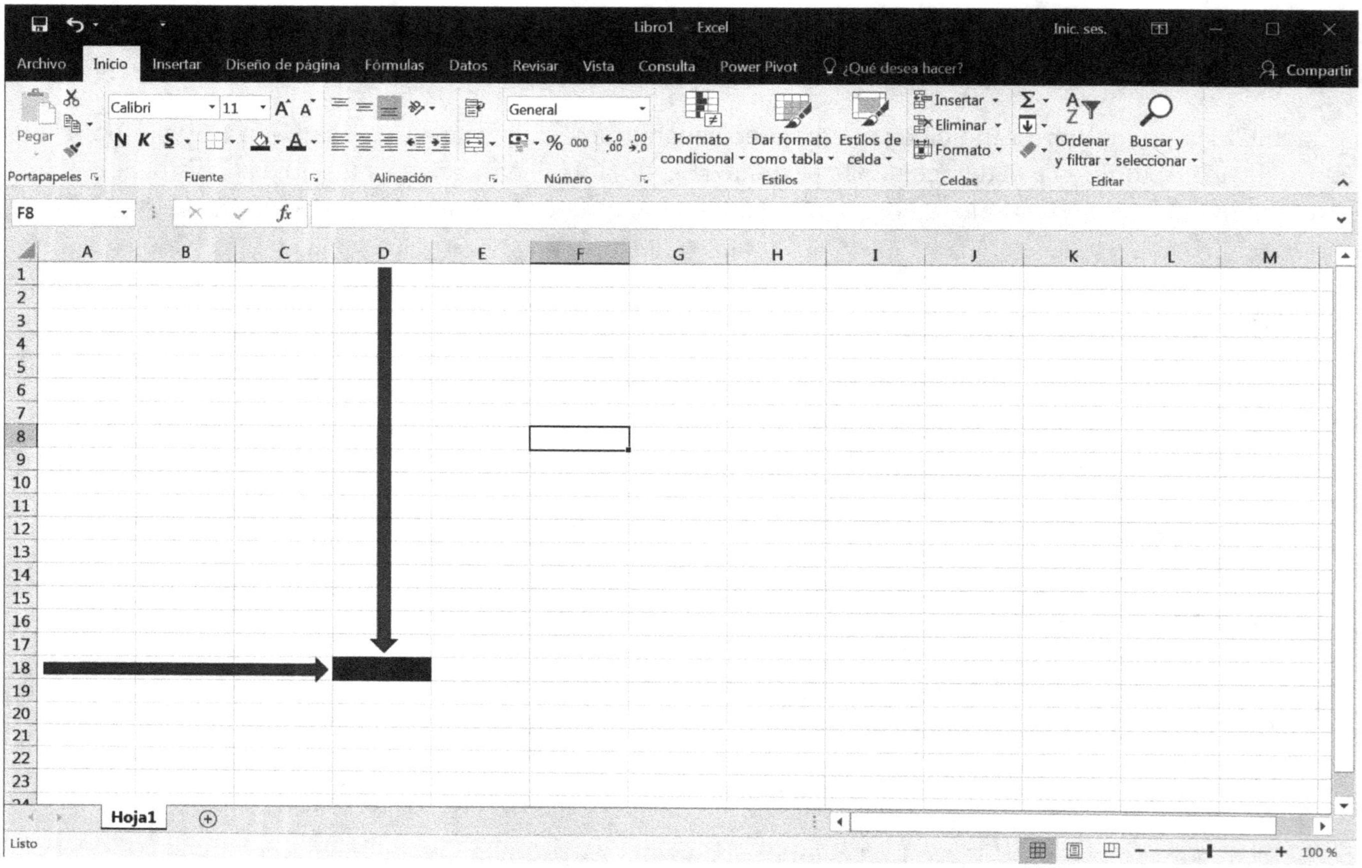

Figura 1.2: Libro en blanco de Excel con indicación de la celda `D18`

Para referirnos a una celda en particular, se expresa como **ColumnaFila**, es decir, la letra o letras de la columna en la que está y a continuación pegado el número de la fila en la que se encuentra. Por ejemplo, la celda **D18** estará ubicada en la columna **D** fila **18**. En la figura 1.2 aparece marcada la celda **D18**, y su correspondencia con los indicadores de columna y fila. Es como el juego de los barquitos.

El número de celdas en una hoja es fijo. Todas las hojas tienen el mismo número de celdas. Cada hoja consta de 1.048.576 filas por 16.384 columnas.

No puede haber huecos entre las celdas, por lo que si eliminas una celda, Excel te preguntará como se debe rellenar ese hueco, presentándote varias opciones.

Una celda puede contener un dato (ya sea un número o un texto) o una fórmula. Las fórmulas nos permiten realizar cálculos con los valores de otras celdas, mostrando el resultado en la celda que contiene la fórmula. Por ejemplo, puedes crear una lista en columna con los gastos realizados y sus importes, y crear en una celda una fórmula que sume todos los importes para calcular el total.

 Como regla general, si el contenido de una celda empieza por el símbolo '=' significa que lo que va detrás es una fórmula.

1.3.5 Fórmula

Las fórmulas en Excel son expresiones que se utilizan para realizar cálculos o procesamiento de valores u otras celdas, produciendo un nuevo valor que será asignado a la celda en la cual se introduce dicha fórmula.

En una fórmula, por lo general, intervienen valores que se encuentran en una o más celdas de un libro de trabajo. Las fórmulas están conformadas por operadores de cálculo, valores, referencias a otras celdas y, con frecuencia, por funciones.

Para introducir una fórmula en una celda, escribe como primer carácter el signo igual pulsando la tecla = . El signo igual le indica a Excel que los caracteres que le siguen constituyen una fórmula.

 Cuando escribas una fórmula no debes dejar espacios en blanco dentro de la misma.

Un ejemplo de fórmula es:

$$= A5 + A4 * 3 \qquad (1.1)$$

Introduce la fórmula 4.2 en la celda **A2**. Esta fórmula expresa que se multiplique el valor que contiene la celda **A4** por el valor constante 3 y, a continuación, se le sume el valor que contiene la celda **A5**.

Introduce el valor 4 en la celda **A4**. Introduce el valor 15 en la celda **A5**. La celda **A2** mostrará el valor de 27, que es el resultado de la operación

$$= 15 + 4 * 3$$

1.3.6 Funciones

En una fórmula puede haber funciones. Una función es una fórmula predefinida internamente en Excel que realiza los cálculos utilizando valores específicos en un orden particular. Una de las principales ventajas es que ahorran tiempo.

Cada función tiene una sintaxis, un orden específico que debe seguirse para obtener el resultado correcto. Cuando escribas una fórmula e introduzcas una función, Excel te proporcionará ayuda sobre su sintaxis, opciones e introducción de valores.

Como regla general, al introducir una función en una fórmula:

- Los argumentos deben ir entre paréntesis

- Los valores individuales o referencias de celdas, separados por punto y comas (;)

Por ejemplo. para calcular el valor medio de tres celdas, podrías escribir la siguiente fórmula usando una función:

$$= PROMEDIO(A3; A4; A5) \tag{1.2}$$

 Las celdas o valores que se van a usar dentro de la función están entre paréntesis y separadas por punto y coma.

1.3.7 Rango

Un conjunto de celdas contiguas se denomina **RANGO**.

Un rango se define por la identificación de las celda de su esquina superior izquierda más la celda de su esquina inferior derecha. Las dos celdas se separan por el símbolo ' : '. Por ejemplo, el rango **A1:D8** define un rectángulo que que abarca desde la celda **A1** a la celda **D8**.

Los rangos se utilizan para aplicar fórmulas y comandos al grupo de celdas sin tener que especificarlas una a una. Un ejemplo, sería sumar todos los valores de una columna de una tabla. Es decir, si quieres sumar las filas 2 a 8 de la columna A, en lugar de introducir la fórmula:

$$= A1 + A2 + A3 + A4 + A5 + A6 + A7 + A8 \tag{1.3}$$

puedes introducir una fórmula con la función **SUMA**:

$$= SUMA(A1 : A8) \tag{1.4}$$

que es más sencilla y evita errores.

1.3.8 Tabla

En Excel siempre se han podido gestionar las listas de datos de una forma eficaz:

- ordenar los datos de una hoja basándose en los valores de una o más columnas

- limitar los datos visualizados utilizando diferentes criterios

- crear fórmulas para resumir los valores de las celdas visibles (es decir, las no filtradas)

A partir de la versión de Excel 2007, Microsoft mejoró la capacidad de gestionar datos introduciendo las tablas.

Una **TABLA** es un conjunto de datos organizados en filas o registros, en la que la primera fila contiene las cabeceras de las columnas (los nombres de los campos), y las demás filas contienen los datos almacenados. También se denominan listas de base de datos. Cada fila es un registro de entrada.

Las tablas son muy útiles porque además de almacenar información, incluyen una serie de operaciones que permiten analizar y administrar esos datos de forma muy cómoda.

Entre las operaciones más interesantes que podemos realizar con las tablas tenemos:

- Ordenar la los registros.

- Filtrar el contenido de la tabla por algún criterio.

- Utilizar fórmulas para la lista añadiendo algún tipo de filtrado.

- Crear un resumen de los datos.

- Aplicar formatos a todos los datos.

Excel dispone de comandos para crear tablas a partir de rangos de celdas, así como para aplicar formatos y comandos sobre las tablas de forma rápida.

 Cuando selecciones una celda que está dentro de una tabla, en la **Cinta de Opciones** aparecerán nuevas pestañas con los comandos específicos para manejar las tablas. En la sección 1.3.10, se explicará con más detalle en qué consiste la **Cinta de Opciones**.

1.3.9   Tabla Dinámica

Cuando se crea una hoja de cálculo en Excel, hay que tener en cuenta cuál será su apariencia. Tienes flexibilidad para cambiar el formato de los datos para destacar el contenido de determinadas celdas, ordenar y filtrar su contenido, u ocultar filas que contienen datos que no son relevantes. Pero cuidado: no se puede cambiar fácilmente la organización de los datos en la hoja.

Para resolver este problema, Excel proporciona la herramienta de **Tabla Dinámica**. Las tablas dinámicas te permiten resumir y analizar fácilmente grandes cantidades de información con tan sólo arrastrar y soltar las diferentes columnas que formarán el informe. Las tablas dinámicas te permiten reestructurar la presentación de los datos, como se agrupan y agregan, todo ello de forma dinámica, sin tener que escribir ninguna fórmula ni modificar la estructura de los datos originales.

A lo largo del libro, hay varios ejemplos que utilizan tablas dinámicas para analizar los datos.

1.3.10 Comandos y Cinta de Opciones

Los comandos son las funcionalidades de Excel. Todo lo que puedes hacer con los datos: borrar, sumar, mezclar, calcular, etc.

Volviendo a la figura 1.2, puedes observar en la parte superior la denominada **Cinta de Opciones**. Esta disposición es común a todos los programas de Office, y en ella se recogen los comandos disponibles agrupados por temática. Cada temática está recogida en una pestaña:

- Archivo
- Inicio
- Insertar
- Diseño de página
- Fórmulas
- Datos
- Revisar
- Vista

Dentro de cada pestaña, las opciones o comandos están a su vez agrupados por actividades o lugares donde se aplican. Por ejemplo, en la pestaña Inicio están los grupos:

- Inicio » Portapapeles
- Inicio » Fuente
- Inicio » Alineación
- Inicio » Número
- Inicio » Estilos
- Inicio » Celdas
- Inicio » Editar

Adicionalmente, cada opción o comando puede contener subcomandos u opciones adicionales. Si una opción presenta subcomandos, aparecerá indicado como un pequeño triángulo invertido (▼). Pulsando sobre el triángulo, se muestran las opciones disponibles para ese comando, como se aprecia en la figura 1.3.

Como en todos los programas de Office, la cinta de opciones es dinámica, lo cual significa que su anchura cambia y sus botones se adaptan al espacio disponible. Por eso, un botón puede ser grande o pequeño, puede tener o no una etiqueta de texto, o puede ser, incluso, la entrada en una lista. Por ejemplo, cuando hay suficiente espacio horizontal, los botones de la pestaña Inicio se hacen más grandes y son visibles los

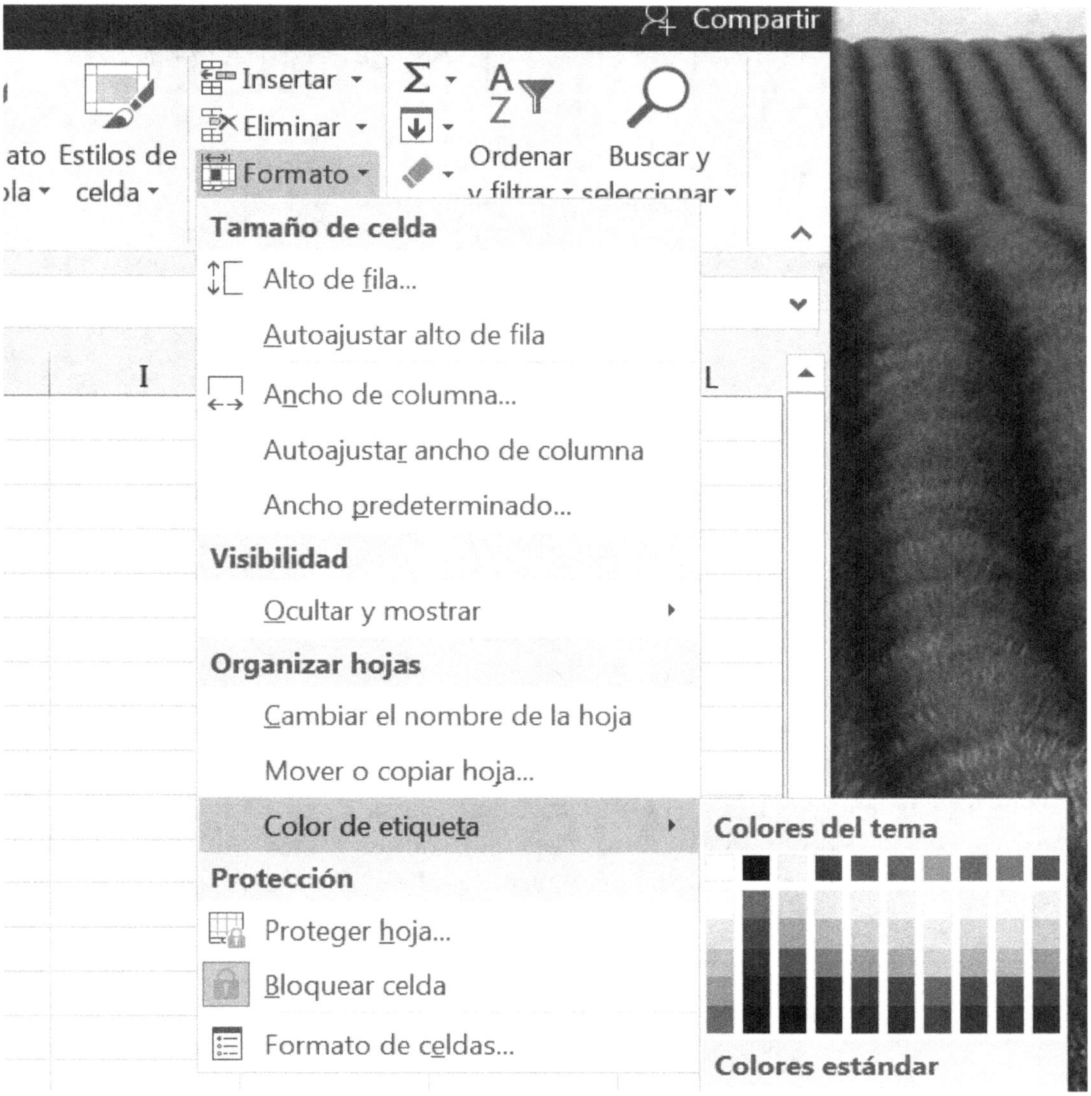

Figura 1.3: ejemplo de subcomandos de una opción de la cinta

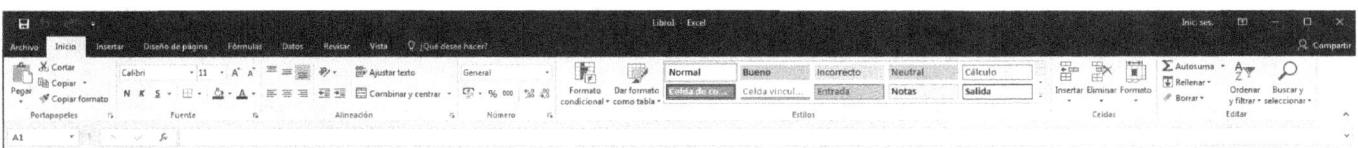

Figura 1.4: Botones de la pestaña **Inicio** cuando hay disponible mucho espacio

comandos disponibles en cada grupo, como puedes ver en la figura 1.4.

Si se disminuye el espacio horizontal de la cinta de opciones, las pequeñas etiquetas de texto de los botones desaparecen y grupos enteros de botones se ocultan bajo un botón que representa a todo el grupo (observa la figura 1.5). Al pulsar con el ratón en el botón del grupo, aparece una lista de los comandos disponibles en ese grupo (véase figura 1.3).

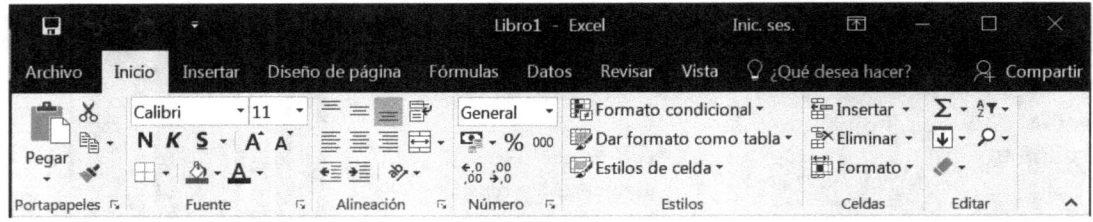

Figura 1.5: Cinta de opciones de las pestaña Inicio con un tamaño reducido horizontal

Cuando la cinta de opciones es demasiado estrecha para que aparezcan todos los grupos, aparecerá un grupo vacío con una flecha en el extremo derecho (ver figura 1.5). Al pulsar sobre ella, se muestran los grupos ocultos.

Como ves, el diseño es muy intuitivo y la funcionalidad se define con la palabra (si paras el cursor encima del comando aparecerá una pequeña descripción). Navega libremente por los comandos para que te familiarices con el entorno.

 Muchos de los comandos y opciones tienen su correspondiente atajo de teclado. En el Apéndice A están recogidos los más usados. Te animo a que consultes este Apéndice, aunque a lo largo de los capítulos te indicaré cuando puedes realizar una acción usando un atajo de teclado.

1.3.11 Gráfico

Un gráfico es la representación de datos, generalmente numéricos, mediante líneas, superficies o símbolos. Nos permite conocer a golpe de vista la relación que esos datos guardan entre si y facilitar su interpretación.

En Excel, un gráfico es un objeto que toma los valores a representar de un rango de celdas o de una tabla. Aparece como "flotando" encima de la hoja, ya que no está anclado a ninguna celda. Puedes definir una hoja que solo contenga un gráfico. En este caso, los datos del gráfico estarán en otras hojas del libro.

 Al crear o seleccionar un objeto gráfico, en la **Cinta de Opciones** aparecerá una serie de pestañas nuevas que contendrán los comandos y opciones a aplicar sobre este tipo de objeto.

1.3.12   Gráfico dinámico

Los gráficos dinámicos son como gráficos normales que muestran los datos de una tabla dinámica.

Como este tipo de objeto está asociado a una tabla dinámica, cada vez que modifiques la estructura de la tabla, el gráfico dinámico se actualizará automáticamente de acuerdo a los nuevos contenidos de la tabla dinámica.

Muchos de los comandos y opciones de una tabla dinámica los puedes ejecutar directamente sobre un gráfico dinámico. Al actualizarse la estructura del gráfico también se actualiza la estructura de la tabla, ya que ambos objetos están sincronizados.

1.4   Crear libros de Excel

Cuando quieras recopilar y almacenar datos que no estén directamente relacionados con tus datos anteriores, crea un libro nuevo. El que aparece por defecto en Excel tiene solo una hoja de cálculo, aunque se pueden añadir o eliminar las que ya existen.

Crear un nuevo libro es una tarea sencilla: selecciona **Archivo** ≫ Nuevo. Excel ofrece diferentes opciones y puedes seleccionar el tipo de libro que vas a crear.

Para crear un nuevo libro en blanco directamente puedes utilizar el atajo de teclado Ctlr + U

Puedes crear un libro en blanco, seleccionando la opción **Libro en blanco** o elegir una de las plantillas predeterminadas. Las plantillas son libros de ejemplo en los que las hojas ya están configuradas con formatos y fórmulas para realizar una tarea específica (figura 1.6).

En este libro recurriremos muchas veces a las plantillas, pues nos ahorrará mucho trabajo y nos interesa llegar a los resultados deseados cuanto antes.

También puedes abrir un libro que ya exista y trabajar con su contenido. Y guardarlo con otro nombre si deseas mantener ambos.

Figura 1.6: Pantalla Inicial de Excel

Después de hacer cambios en el contenido de un libro, es conveniente que lo guardes para conservar tu trabajo.

1.5 Guardar libros

Una vez que has empezado a modificar el contenido de tu libro Excel, añadiendo más hojas o datos a las hojas, es indispensable guardar el trabajo realizado para no perderlo y poder recuperarlo más adelante. Para guardar un libro sigue los siguientes pasos:

- Accede al menú **Guardar**. Puedes hacerlo de tres maneras:

  (a) Pulsa en el menú superior sobre la pestaña `Archivo` ≫ `Guardar`.

  (b) Usando el atajo de teclado `Ctrl` + `G`.

  (c) Accediendo directamente al comando **Guardar:** es el icono con forma de diskette en la barra superior de la venta de Excel, en su lado izquierdo.

Cualquiera de los tres métodos es perfectamente válido, pero el método de los atajos te permite ejecutar el comando sin tener que quitar las manos del teclado y sin tener que mover el ratón por la pantalla y hacer varios clicks. Tú eliges.

- Como es la primera vez que vas a guardar el libro, aparecerá el panel *Guardar como...* (figura 1.7). Este panel solicita el nombre del libro y la ubicación en la que guardarlo. Las opciones de la columna izquierda, te permiten:

  (a) Almacenar el libro en el disco duro de tu PC o Mac, seleccionado la opción `Este PC`.

  (b) Almacenar el libro en la nube OneDrive, si tienes una cuenta de este servicio. Hay una opción gratuita de 5GB de almacenamiento. Si tienes contratada una subscripción **Office 365** el almacenamiento es de 1TB. Esto nos permitiría acceder a nuestros libros desde otros dispositivos, ya sean otros PCs o Mac, tablets o teléfonos.

  (c) Añadir nuevos sitios de almacenamiento en la nube, de tipo OneDrive o SharePoint. Esto se utiliza si tienes varias cuentas OneDrive, para configurar el acceso a ellas.

- Selecciona la opción `Este PC`. En el lado derecho aparecen sugeridas carpetas en las que normalmente se guardan documentos y aquellas que ya has utilizado previamente para almacenar tus libros de Excel (figura 1.7). Funcionan a modo de acceso rápido o atajo a esas carpetas. Si quieres almacenar el libro en otra carpeta que no aparece en la lista, puedes pulsar sobre la opción `Examinar` que aparece en la parte inferior izquierda, y escoge la carpeta que tu quieras.

- A continuación aparece un panel de diálogo estándar de Windows, en el que asignarás el nombre y formato al libro que estas guardando (figura 1.8).
  Navega por el árbol de carpetas (esto es igual en todos los programas de Windows) hasta que llegues a la carpeta en la que deseas guardar el fichero.

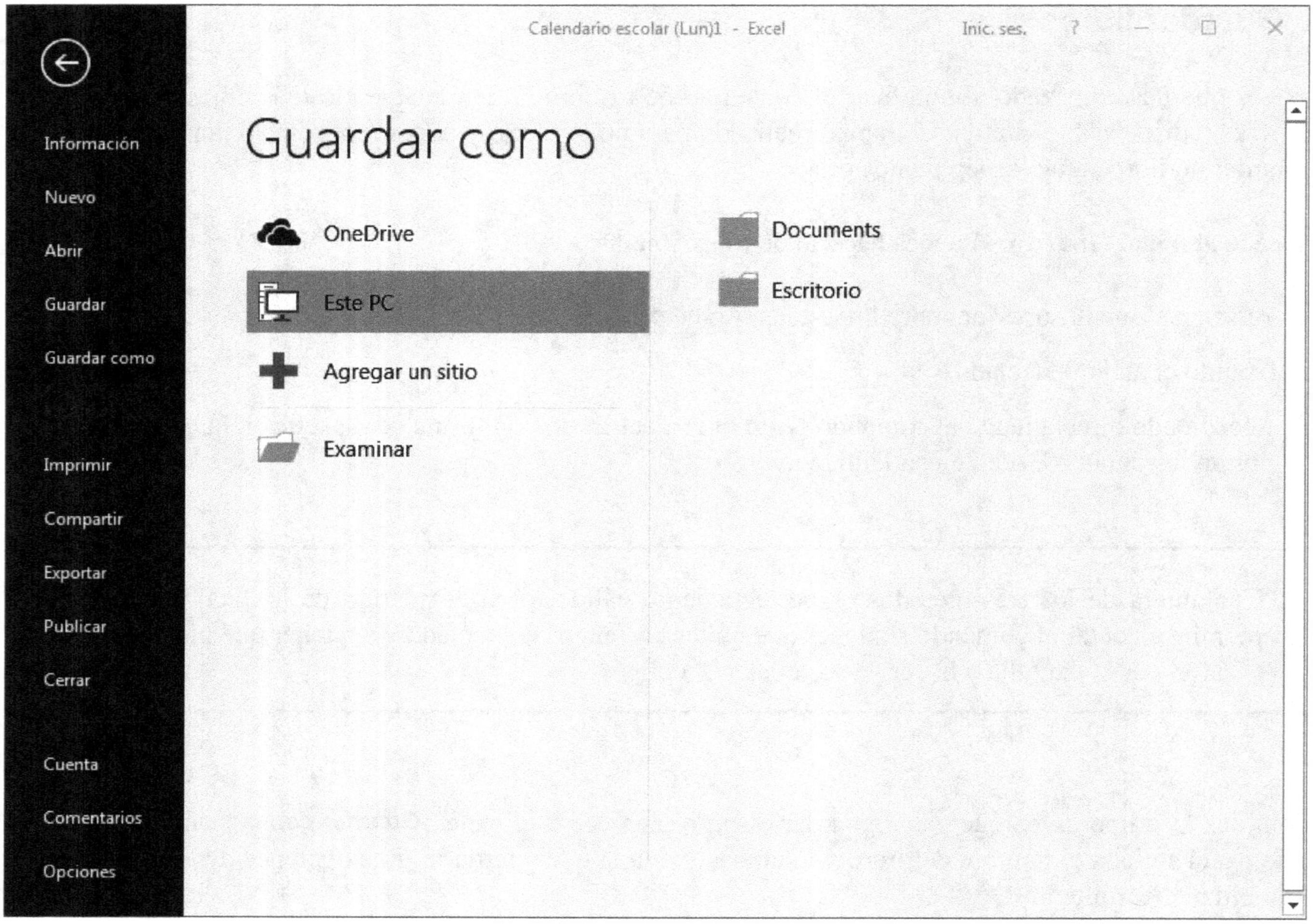

Figura 1.7: Panel de **Guardar como**

Puedes crear nuevas carpetas pulsando el botón derecho para acceder al menú de creación de nuevos objetos.

- En el cuadro **Nombre de archivo** escribe el nombre que desees para almacenar el libro. Por favor, dale un nombre descriptivo de lo que contiene, como por ejemplo, *"Calendario Escolar 2017 Juan"*.
Excel asigna un nombre por defecto, pero es mejor que pongas tú uno que te recuerde que es lo que contiene el libro. Poner a los archivos nombres del tipo *Pepe1*, *Pepe2*, *Pepe3*, etc., te complicará el trabajo en el futuro, ya que te será más complicado saber de antemano qué es lo que contiene cada libro de Excel.

- Asegúrate de que el tipo de archivo siempre es *"Libro de Excel (*.xlsx)"*, y pulsa el botón Guardar. Aunque Excel permite guardar los libros en otros formatos, de momento céntrate en guardarlos en el formato por defecto *"Libro de Excel (*.xlsx)"*. Se explicará a lo largo de los siguientes capítulos la utilidad de usar otros formatos.

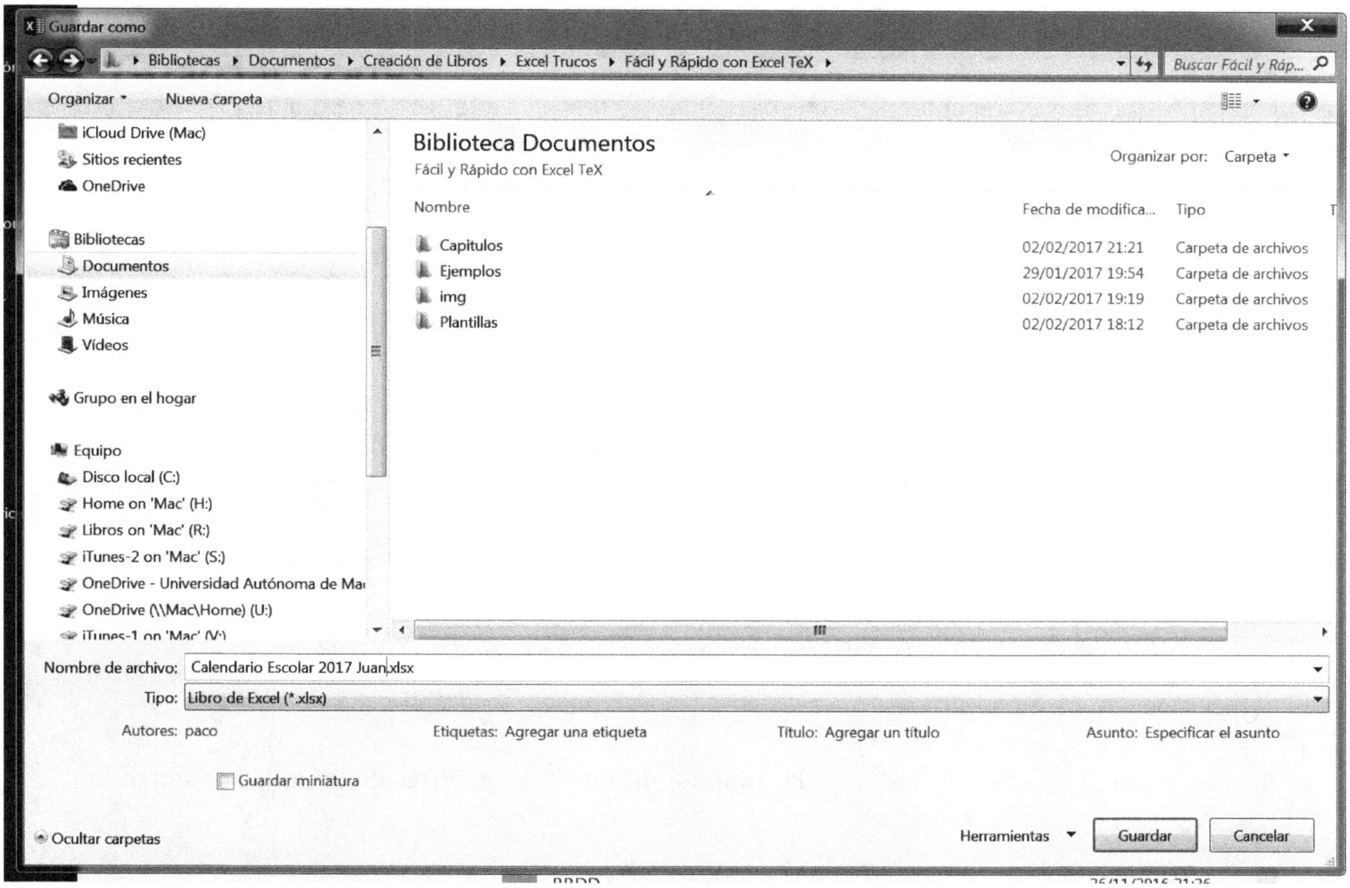

Figura 1.8: Panel de guardar archivo

Con esto queda asignado el nombre y la ubicación del libro. La próxima vez que accedas al menú Archivo ≫ Guardar, ya no te solicitará el nombre ni la ubicación del libro, pues ya lo tiene asignado. Guardará el libro en el disco directamente, sobrescribiendo los contenidos antiguos.

Como atajo de teclado, también puedes utilizar Ctrl + G para guardar el libro con el que estás trabajando sin necesidad de pasar por los distintos menús y paneles.

1.5.1   Guardar como

El comando Archivo ≫ Guardar como... te dará la opción de asignar un nuevo nombre y ubicación al libro que tienes abierto como si fueras a guardar un libro nuevo.

Una vez que hayas ejecutado $\boxed{\text{Archivo}}\rangle\rangle$ Guardar como... cada vez que hagas $\boxed{\text{Archivo}}\rangle$ $\rangle$ Guardar los cambios se almacenarán en el nuevo fichero recién creado.

1.6 Conclusión

Espero que con esta pequeña introducción le hayas perdido el miedo a utilizar Excel. No hace falta ser un experto para sacarle partido a esta potente herramienta de una manera *fácil y rápida*. Ya sabes hacer las cosas más importantes de Excel: crear un libro, y guardar los datos.

No dudes en **GUARDAR** de vez en cuando. Imagínate que se va la luz después de haber hecho todo el trabajo.

Recuerda revisar el Apéndice A. En él encontrarás atajos de teclado que te permitirán acceder a comandos y realizar acciones de forma rápida.

A partir de ahora, puedes elegir entre leer cada solución propuesta una detrás de la otra, o ir saltando a la que te interese.

Resuelve tus problemas cotidianos de una forma *fácil y rápida con Excel*.

¡Ánimo!

CAPITULO 2

HORARIOS ESCOLARES

Estos son malos tiempos. Los hijos han dejado de obedecer a sus padres y todo el mundo escribe libros.
— **Cicerón** *(106 AC-43 AC) Escritor, orador y político romano.*

Las familias actuales tienen que lidiar con el problema de ajustar su propio horario con el de sus vástagos.

Los colegios tienen periodos de adaptaciones, mañana y tarde, extraescolares, de apoyo y excursiones. Por otro lado, hay que saber los libros y material que se necesita llevar al día siguiente. Y también las fechas de los exámenes o cuando tienen que entregar una tarea determinada.

Crear un horario donde tus hijos puedan organizarse resulta esencial, para ellos y para ti.

Los chicos agradecerán que este horario sea además personalizado, atractivo y práctico. Nada de tachones y palabras incomprensibles. Con Excel puedes modificarlo cuando sea conveniente. Lo vuelves a imprimir y de nuevo lo colocas en un lugar visible. No hay problema, lo tienes todo guardado en Excel.

En este capitulo aprenderás como generar una tabla de horarios con calendario mensual para organizar los horarios escolares de tus hijos.

Puedes empezar desde cero, con una hoja en blanco, definir celdas, asignar colores, escribir fórmulas y validaciones de datos... O mejor, siguiendo el principio de *fácil y rápido*, utilizar una plantilla de las que nos ofrece Excel y modificarla para adaptarla a nuestras necesidades. Te vamos a guiar por el segundo método, porque, ¿para que volver a inventar la rueda?

Si el ejemplo mostrado no cubre todas tus necesidades, puedes descargar una plantilla distinta, o mejorar la plantilla propuesta para adaptarla a tus gustos, como se explica en este capítulo.

2.1 Obtener la plantilla de Excel

Al iniciar Excel, verás un panel con plantillas para crear nuevos libros, como se muestra en la figura 2.1. En este panel puedes seleccionar el crear un libro en blanco, o utilizar uno que contenga un formato predefinido.

Figura 2.1: Pantalla Inicial de Excel.

Si en la lista por defecto no encuentras la plantilla de libro que te interesa, Excel te ofrece la posibilidad de hacer una búsqueda por nombre. La utilidad de búsqueda se muestra como un recuadro blanco con un símbolo de lupa en su derecha (véase figura 2.2).

La búsqueda de plantillas se realizará en Internet, por lo que para sacar el máximo partido a esta utilidad, deberías estar conectado a la red.

Para buscar plantillas relacionadas con un tema, introduce las palabras que quieres buscar en ese recuadro.

En el caso que nos ocupa, introduce la palabra **calendario**, y pulsa Intro. O haz click sobre el símbolo de la lupa, como muestra en la figura 2.2. Excel buscará en su base de datos de Internet, y nos mostrará las plantillas disponibles.

Selecciona la plantilla de libro **"Calendario escolar (Lun)"**, como se muestra en la figura 2.3

Figura 2.2: Buscar una plantilla en la pantalla Inicial de Excel.

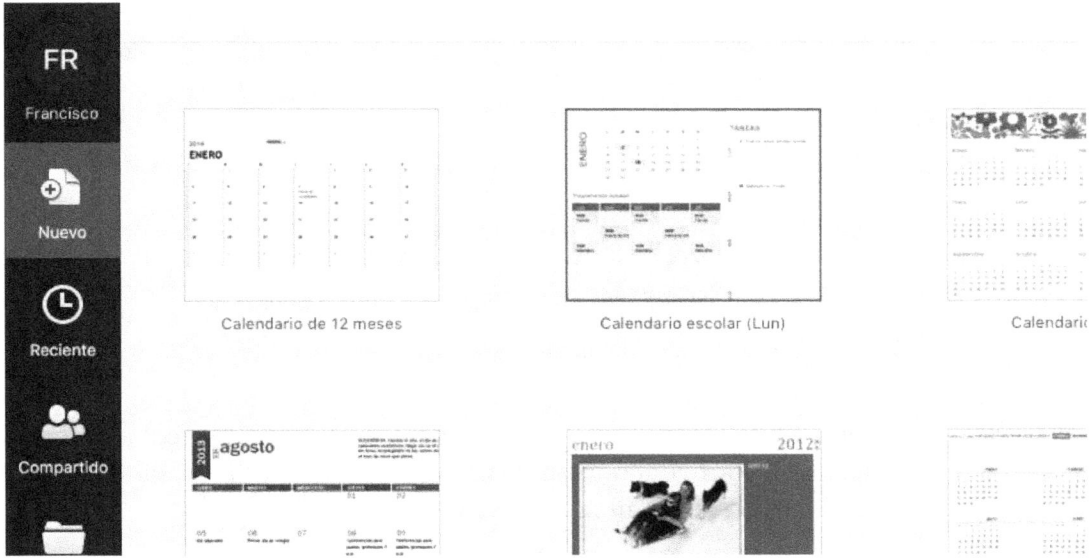

Figura 2.3: Libros propuestos para la búsqueda con la palabra **calendario**.

Al abrirse el libro, presenta un aspecto similar a la figura 2.4. Observa que dentro del libro se ha creado una hoja para cada mes (pestañas de la zona inferior, con el nombre del mes). En cada hoja, se aprecian tres áreas diferenciadas:

- El calendario del mes correspondiente, en la esquina superior izquierda.

- La programación semanal en la zona inferior izquierda

- Una zona de tareas en la zona derecha

- El año natural en curso

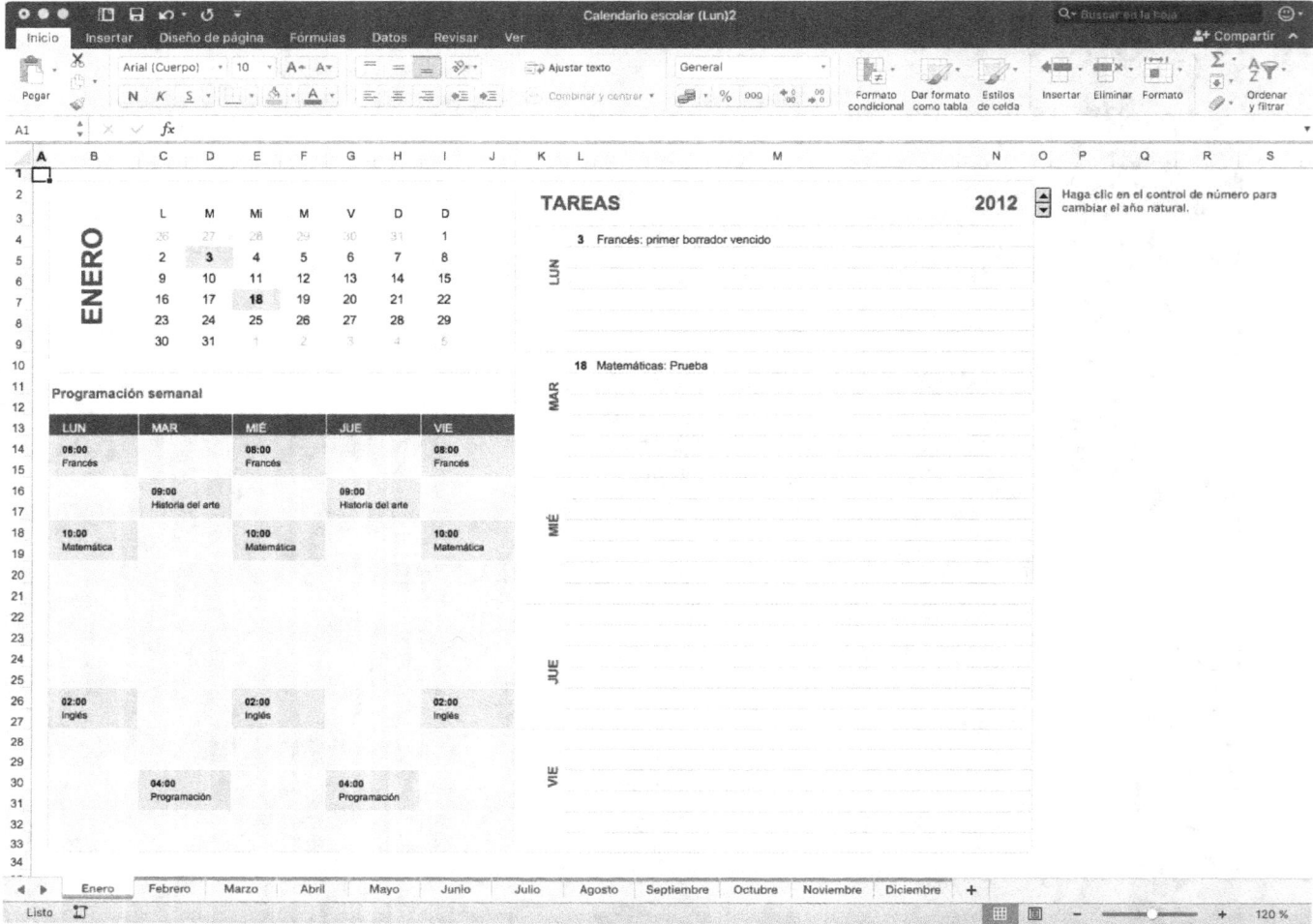

Figura 2.4: Libro **"Calendario escolar (lun)"**

La hoja del mes de Enero, presenta un elemento adicional. A la derecha del año, presenta dos botones de selección que te permiten modificar el valor del año natural del calendario. Con la flecha hacia arriba, se incrementa el año. Con la fecha hacia abajo, se disminuye su valor.

2.2   Dar nombre al libro y guardarlo

Ya tienes creado tu nuevo horario escolar. Aunque está vacío y aún no has introducido los datos de los horarios de tu hijo, ya contiene mucha información, por lo que es conveniente que lo guardes. Crea un calendario para cada uno de tus hijos, aunque ponga solo 'Abuelos" en el horario, evitarás episodios de celos.

Guarda el libro dándole un nombre. Si ya sabes como **Guardar**, ve directamente a la sección 2.3.

Para guardar el libro con los horarios sigue los siguientes pasos:

- Pulsa en el menú superior sobre la ficha Archivo〉Guardar, según se muestra en la figura 2.5. También puedes acceder directamente al comando **Guardar** pulsando sobre el icono de diskette que hay en la esquina superior izquierda de la ventana de Excel. O usa el atajo de teclado Ctrl + G, pulsando simultáneamente las teclas Ctrl y G. Aparece el panel de *Guardar como*, que tiene el aspecto que se muestra en la figura 2.6.

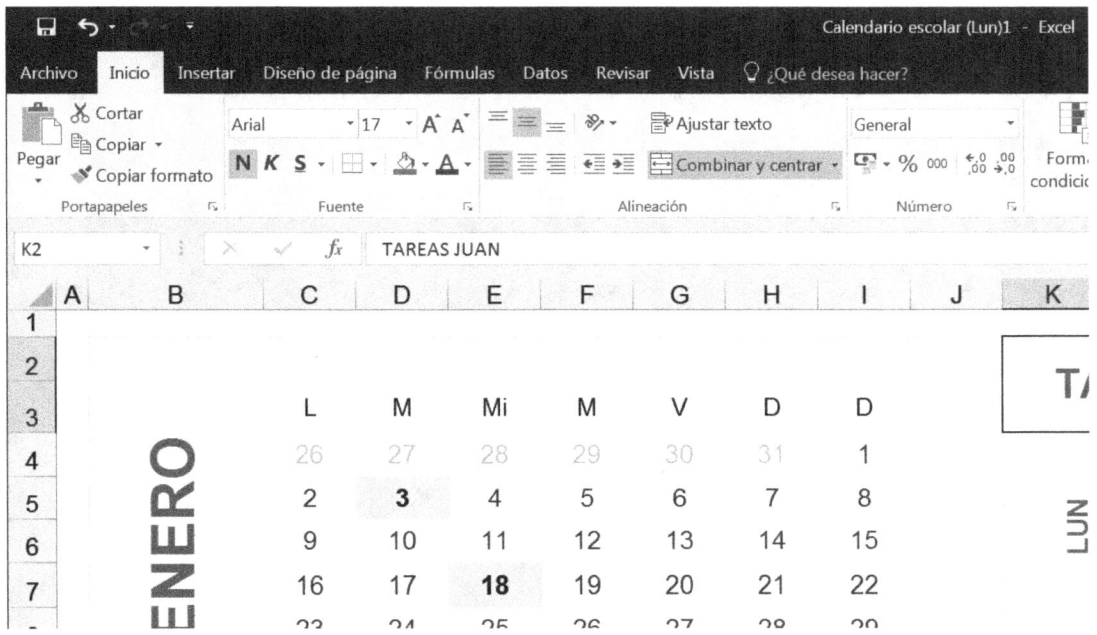

Figura 2.5: Acceso al panel de **Archivo**

- El panel *Guardar como* (figura 2.6) nos permite seleccionar la ubicación en la que guardar nuestro libro.

- Selecciona la opción Este PC. En el lado derecho aparecen sugeridas carpetas donde se suele almacenar documentos o carpetas que ya has utilizado previamente para almacenar tus libros (figura 2.6). Si quieres almacenar el libro en otra carpeta que no aparece en la lista, puedes pulsar sobre la opción Examinar que aparece en la parte inferior izquierda.

- A continuación asigna el nombre y formato al libro que estas guardando (figura 2.7). Navega por el árbol de carpetas hasta que llegues a la carpeta que deseas. Puedes crear nuevas carpetas pulsando el botón derecho para acceder al menú de creación de nuevos objetos. En el cuadro **Nombre de archivo** escribe el nombre que desees para almacenar el libro, como por ejemplo, *"Calendario Escolar 2017 Juan"*. Asegúrate de que el tipo de archivo es *"Libro de Excel (*.xlsx)"*, que es el formato por defecto, y pulsa el botón Guardar.

Con esto queda asignado el nombre y la ubicación del libro. La próxima vez que accedas al menú Archivo〉Guardar, Excel ya no te solicitará ni el nombre ni la ubicación. Guardará el libro en disco directamente, sobrescribiendo los contenidos antiguos. Pulsar de vez en cuando Ctrl + G no supone ningún

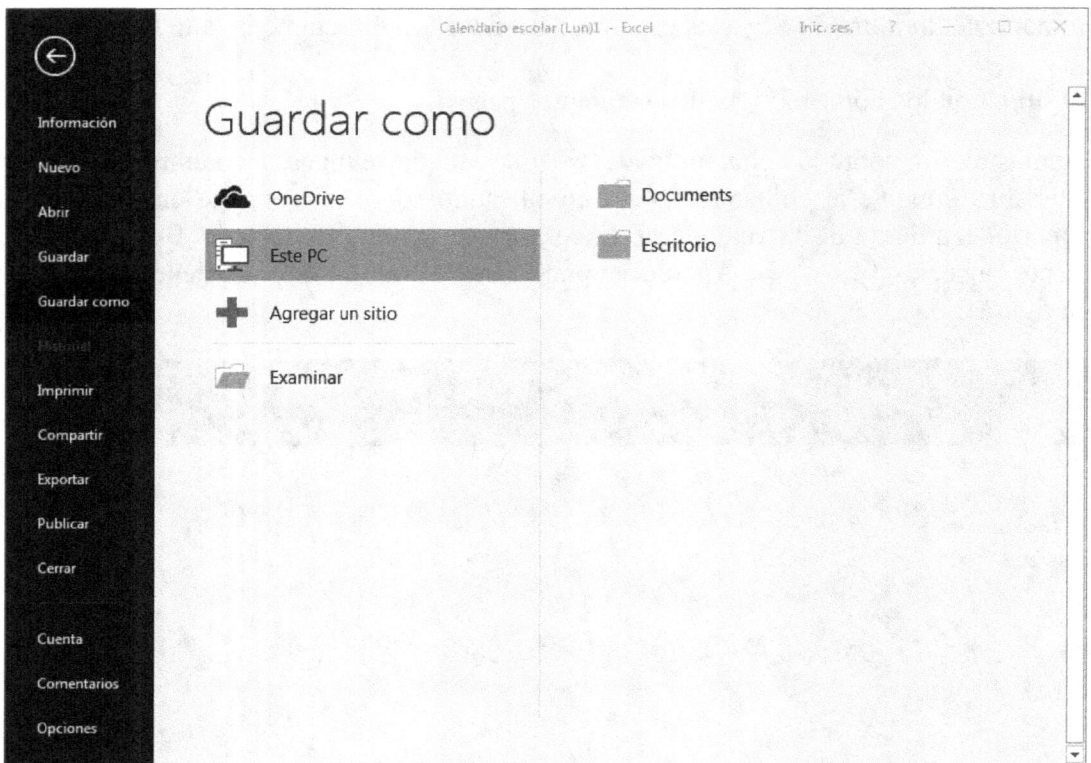

Figura 2.6: Panel de **Guardar como**

esfuerzo. Recuerda que s puede ir la luz...

En las siguientes secciones aprenderás cómo usar las utilidades incluidas en este libro, cómo modificar su aspecto y cómo añadir nuevas funciones.

2.3 Como utilizar el calendario escolar

2.3.1 Selección del año natural

Seleccionar el año del calendario hace que los paneles de los meses aparezcan correctamente.

Selecciona el mes de Enero (pulsa sobre la pestaña de la hoja que pone Enero).

A la derecha de la cabecera de tareas tenemos la indicación del año, con dos botones con flechitas a su derecha (ver figura 2.8). Si pulsas sobre la flecha superior, se incrementa el número del año, y si pulsas sobre la inferior, diminuye. Ajusta el año al que te interesa, por ejemplo 2017.

El panel que representa el mes, se actualiza para representar correctamente las semanas de ese mes para el año indicado. Esto ocurre automáticamente en las 12 hojas correspondientes a los distintos meses.

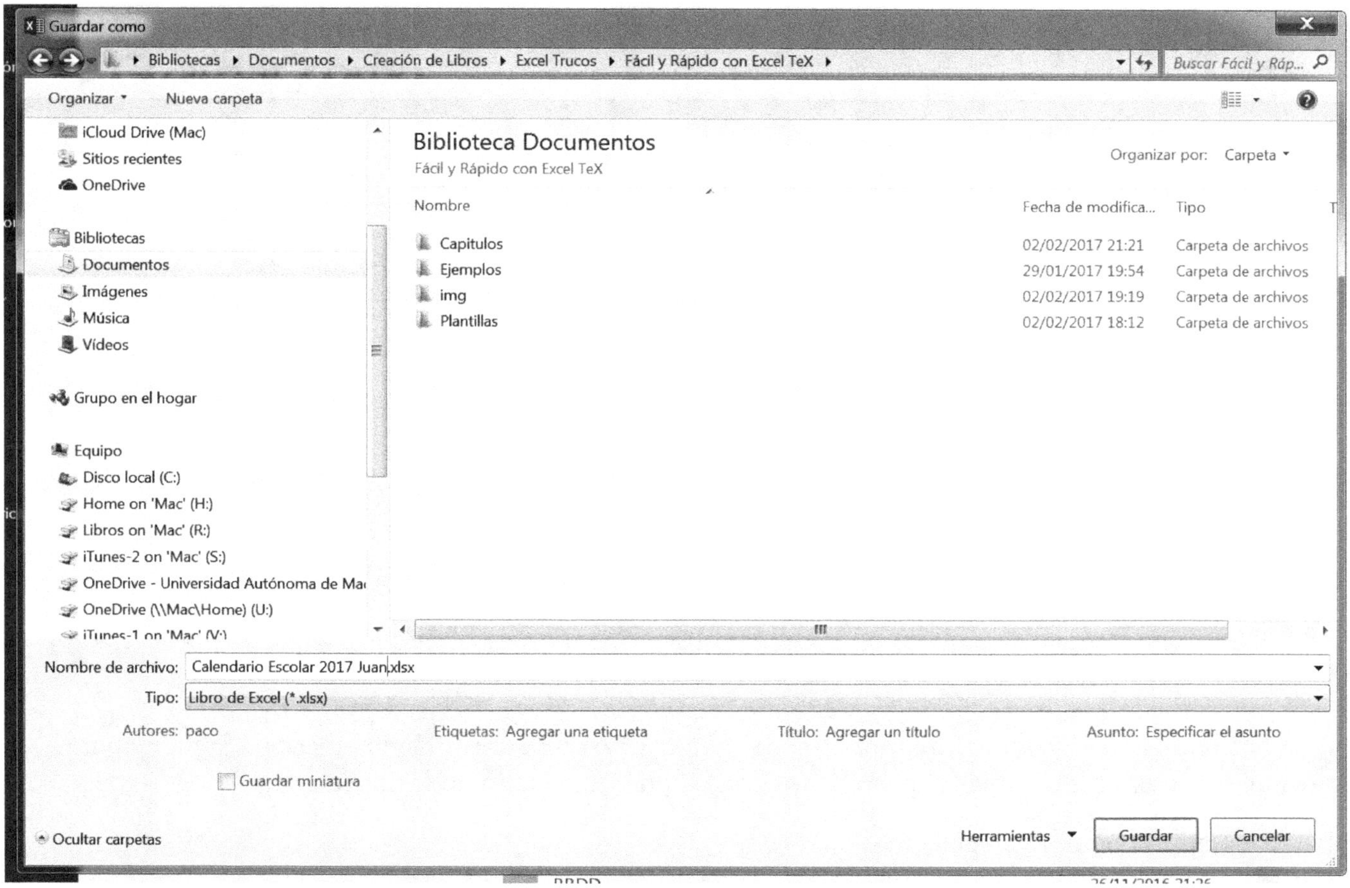

Figura 2.7: Panel de guardar archivo

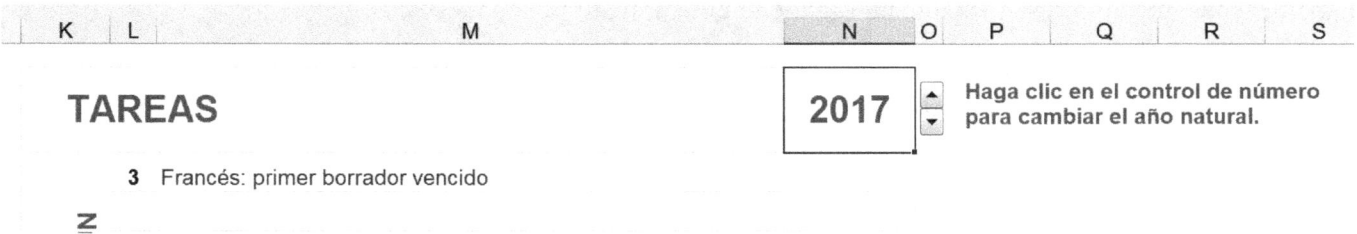

Figura 2.8: Selector para configurar el año del calendario

2.3.2 Personalizar el título

Lo siguiente es indicar el nombre de a quién pertenece el horario.

Haz doble click sobre la celda que contiene la palabra **TAREAS** (es la celda `K:2`. Entraremos en modo de edición. Añade el nombre de tu hijo a continuación de la palabra **TAREAS** (ver figura 2.9). Para finalizar, pulsa la tecla `Intro`.

Si te has fijado, la palabra **TAREAS** ocupa tres columnas (`K`, `L` y `M`) y dos filas (`2` y `3`). Esto es debido a que se ha aplicado una función de Excel que permite unir varias celdas contiguas para que funcionen como

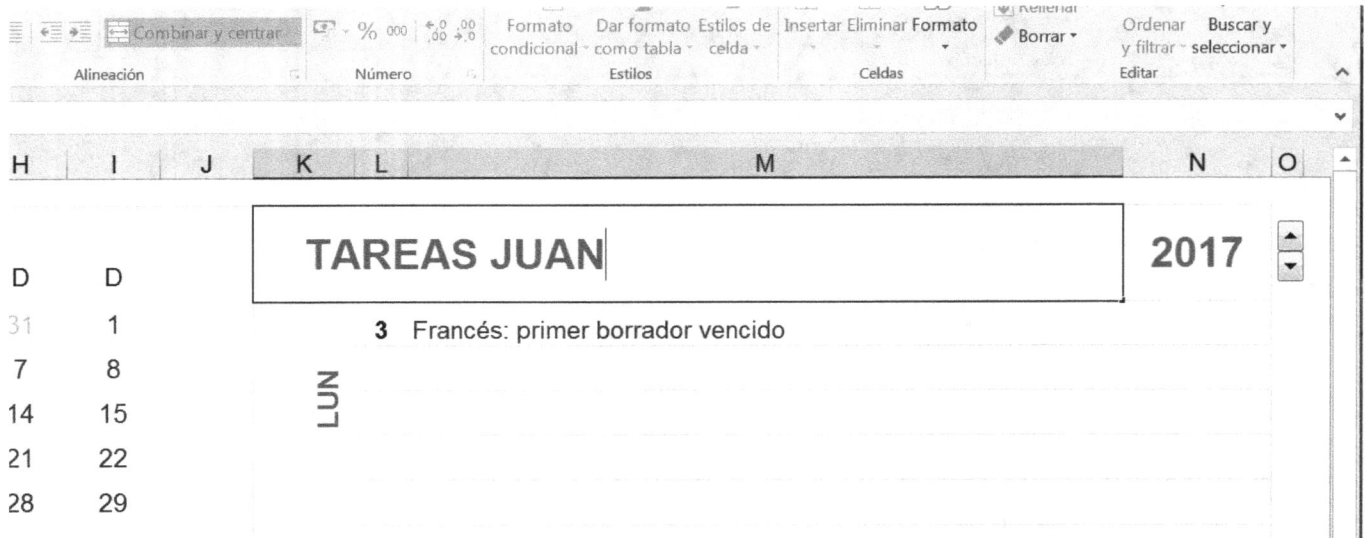

Figura 2.9: Indicar a quién pertenece el horario

si fuera una sola.

Bien, ya has realizado el cambio en un mes, pero ¿qué ocurre con el resto de los meses?. Siguen como estaban originalmente. Para cambiar el resto de los meses, puedes hacerlo de varias maneras:

- volver a escribir el nombre en cada mes

- copiar la celda **K:2** desde el primer mes al resto

- hacer que las celdas se actualicen de forma automática, así que si modificas el valor de la celda **K:2** en el primer mes, el cambio se propaga automáticamente al resto de los meses.

Este tipo de acciones automáticas se realiza mediante fórmulas. Vas a utilizar la fórmula más sencilla de Excel: tomar el valor de otra celda. Estos son los pasos:

- Selecciona el mes de **Enero**. Ya que este mes es el que controla el año elegido, vamos a usarlo también para controlar el nombre del horario.

- Añade en la celda **K:2** el nombre del niño al que pertenece el calendario.

- Cambia al mes de **Febrero**, pulsando sobre su pestaña.

- Selecciona la celda **K:2** y pulsa la tecla `=`. En la barra de fórmulas aparece el símbolo **=**.

- Sin cerrar el modo de edición, selecciona el mes de enero y pulsa sobre la celda **K:2**. En la barra de fórmulas aparecerá

$$= \text{Enero!K2} \tag{2.1}$$

- Pulsa `Intro` para finalizar la escritura de la fórmula.

Observa que ahora la celda **K:2** del mes de **Febrero** muestra el mismo valor que la celda **K:2** del mes de **Enero**. Prueba a modificar la celda **K:2** del mes de **Enero**. Comprueba que el cambio también se ha producido en el mes de **Febrero**.

Para terminar, modifica el resto de los meses para sus respectivas celdas **K:2** apunten a la del mes de **Enero**. Puedes hacerlo de dos maneras:

- Copiando la celda **K:2** del mes de **Febrero** en el resto de los meses (excepto en el mes de **Enero**). En la siguiente sección (2.3.3) puedes ver como hacerlo. Este es el método más rápido.

- Escribiendo directamente en la celda **K:2** de los meses restante la formula

$$\boxed{= \text{Enero!K2}} \qquad (2.2)$$

Ya tienes mejorado el calendario escolar. Es momento de guardarlo con $\boxed{\text{Ctrl}}$ + $\boxed{\text{G}}$.

2.3.3 Definir el horario semanal de clases

Ahora vas a incluir la información del horario de clases para el mes que estas visualizando, por ejemplo, **Enero**. Como puedes observar en la figura 2.10, para seleccionar el mes que quieres editar, solo tienes que pinchar sobre la pestaña de la hoja que contiene el mes que deseas.

Tienes una cuadrícula que agrupa los días lectivos en columnas (de lunes a viernes); en las filas horizontales definimos las horas. En cada cuadrado de la matriz disponemos de dos filas en las que pondremos la hora y a asignatura para ese día de la semana: la hora en la fila superior (aparecerá resaltada en negrita), y la asignatura en la inferior.

La plantilla que has elegido trae algunas celdas rellenas a modo de ejemplo. Para borrar su contenido, se utiliza la tecla $\boxed{\text{Supr}}$. Puedes ir borrando celda a celda, pero es más rápido borrar un rando, seleccionando las celdas que quieres eliminar de la siguiente manera:

- pincha en la primera celda que quieres seleccionar y arrastra el ratón sin soltar el botón izquierdo hasta que hayas enmarcado todas las celdas que quieres borrar. Se marcará el rango en gris.

- Pulsa la tecla $\boxed{\text{Supr}}$ y se borraran los contenidos de las celdas seleccionadas.

Si te has equivocado al borrar, Excel tiene un método *fácil y rápido* para deshacer la última acción que hayas realizado: solo tienes que pulsar $\boxed{\text{Ctrl}}$ + $\boxed{\text{Z}}$, que es el atajo de teclado para el comando **Deshacer**. El comando **Deshacer** se encuentra en la parte superior izquierda de la ventana de Excel, y es una flecha curva hacia la izquierda $\boxed{\curvearrowleft}$.

Cuando rellenes algún elemento de la cuadrícula, verás que cambia su apariencia, pasando de gris a azul automáticamente. Esto se debe a que esas celdas de esta plantilla en concreto tienen lo que Excel llama *Formato Condicional*: cambia el aspecto de la celda en función del valor que contenga. Si no te gusta esta combinación de colores, la sección 2.5 te va a permitir modificar el aspecto de los distintos elementos del horario.

Para una mejor lectura, es recomendable colocar en la misma fila las asignaturas que empiezan a la misma hora. Puedes seguir el ejemplo por defecto (figura 2.10).

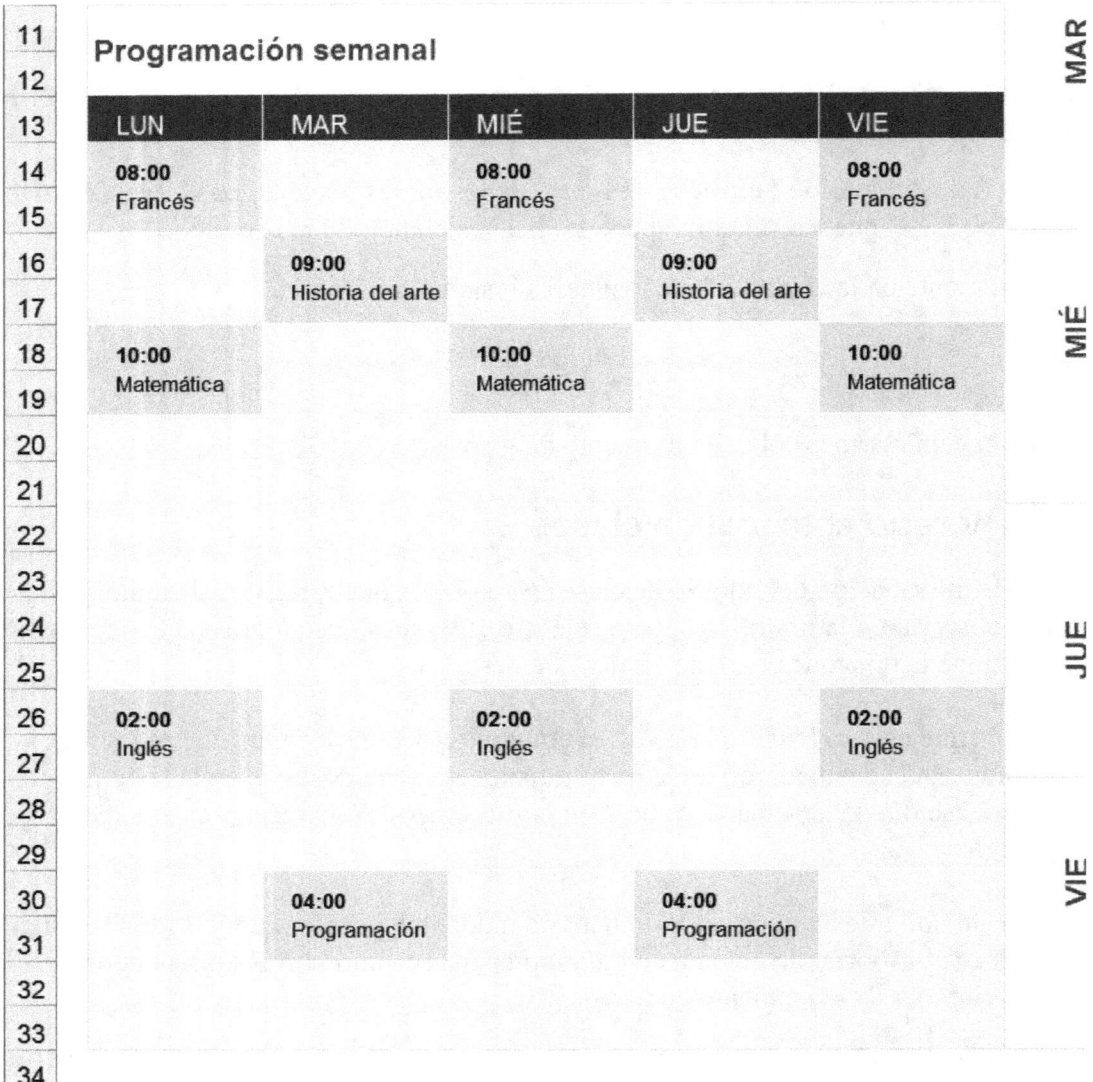

Figura 2.10: Panel de programación semanal del calendario

Quizás tengas la necesidad de escribir la misma información de una hora/clase los cinco días de la semana. Si las casillas son contiguas, puedes utilizar el siguiente truco de Excel para introducción de datos: la entrada múltiple.

- Selecciona las casillas que quieres modificar, como se muestra en la figura 2.11.

- Escribe el contenido que quieres que aparezca en todas las casillas. En este ejemplo, escribe las **12:00** para poner esa hora en todas las casillas

- Finaliza la entrada de datos pulsado las teclas ⌷Ctrl⌷+⌷Intro⌷. Esto lo realizas manteniendo pulsada la tecla ⌷Ctrl⌷ y sin soltar, a continuación pulsa la tecla ⌷Intro⌷.

- Aparecerá la información repetida en todas las casillas seleccionadas, como se ve en la figura 2.12.

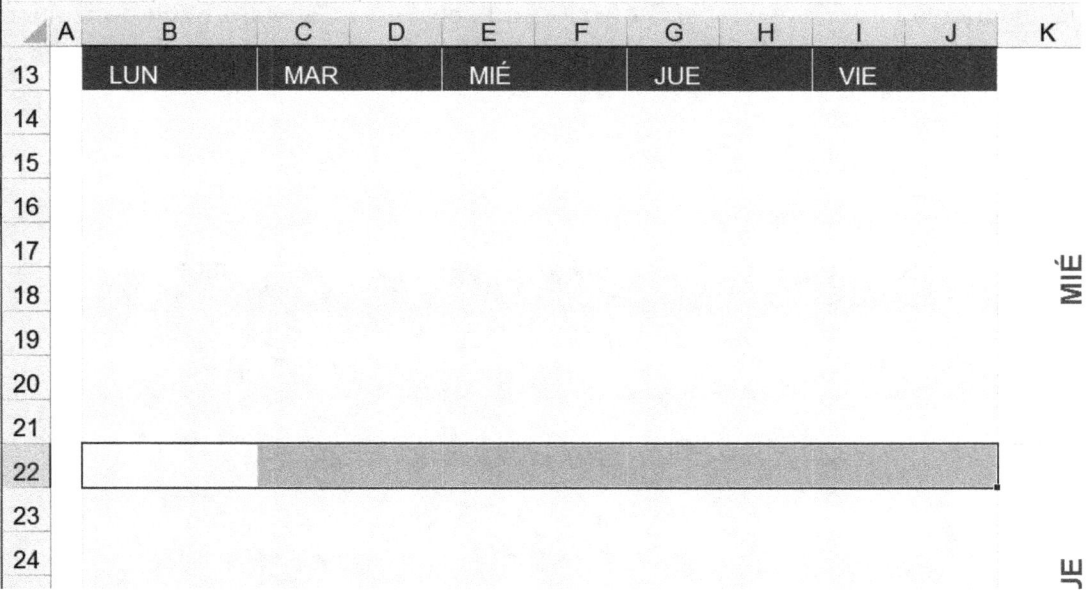

Figura 2.11: Selección de casillas para entrada múltiple

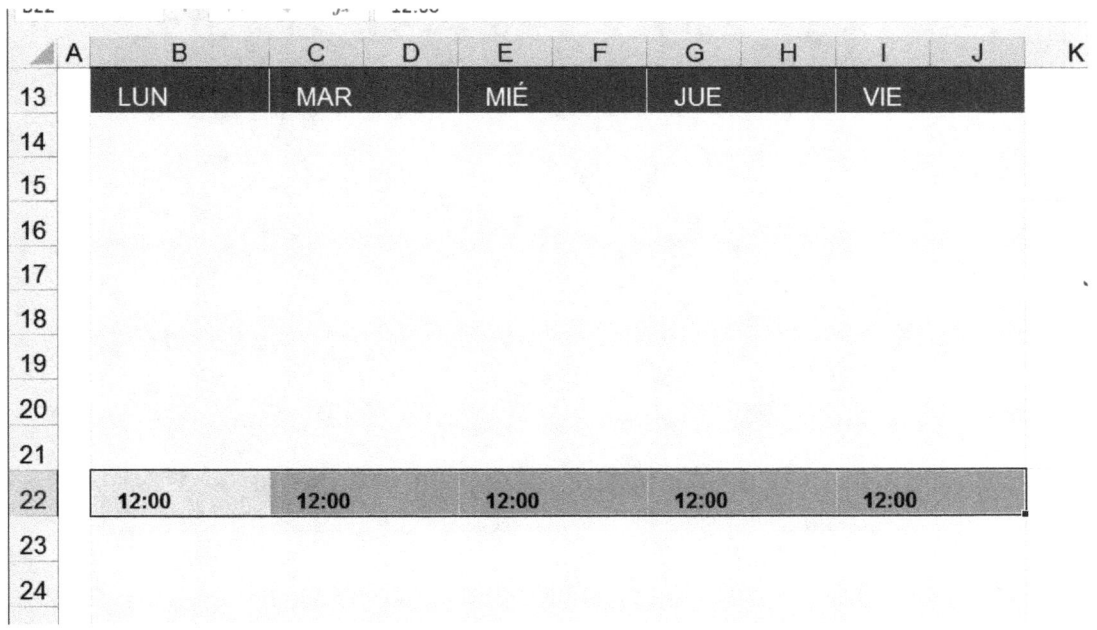

Figura 2.12: Resultado de la entrada múltiple

Cuando ya tienes definidas las asignaturas del mes de Enero (o del mes por el que hayas empezado), ¿cómo lo copias al resto de los meses? ¿Introducir de nuevo todo el texto y horas en cada mes? Claro que no. Excel también te permite copiar y pegar de una forma *fácil y rápida*.

- Colócate en la hoja del mes en el que has definido los horarios de las asignaturas que quieres copiar al resto de los paneles.

- Selecciona la cuadrícula de las asignaturas: colócate en la celda `C:13`, pulsa el botón izquierdo del ratón y sin soltar, arrastra el cursor hasta la celda `J:33`. El área seleccionada quedará marca en gris, como se muestra en la figura 2.13.

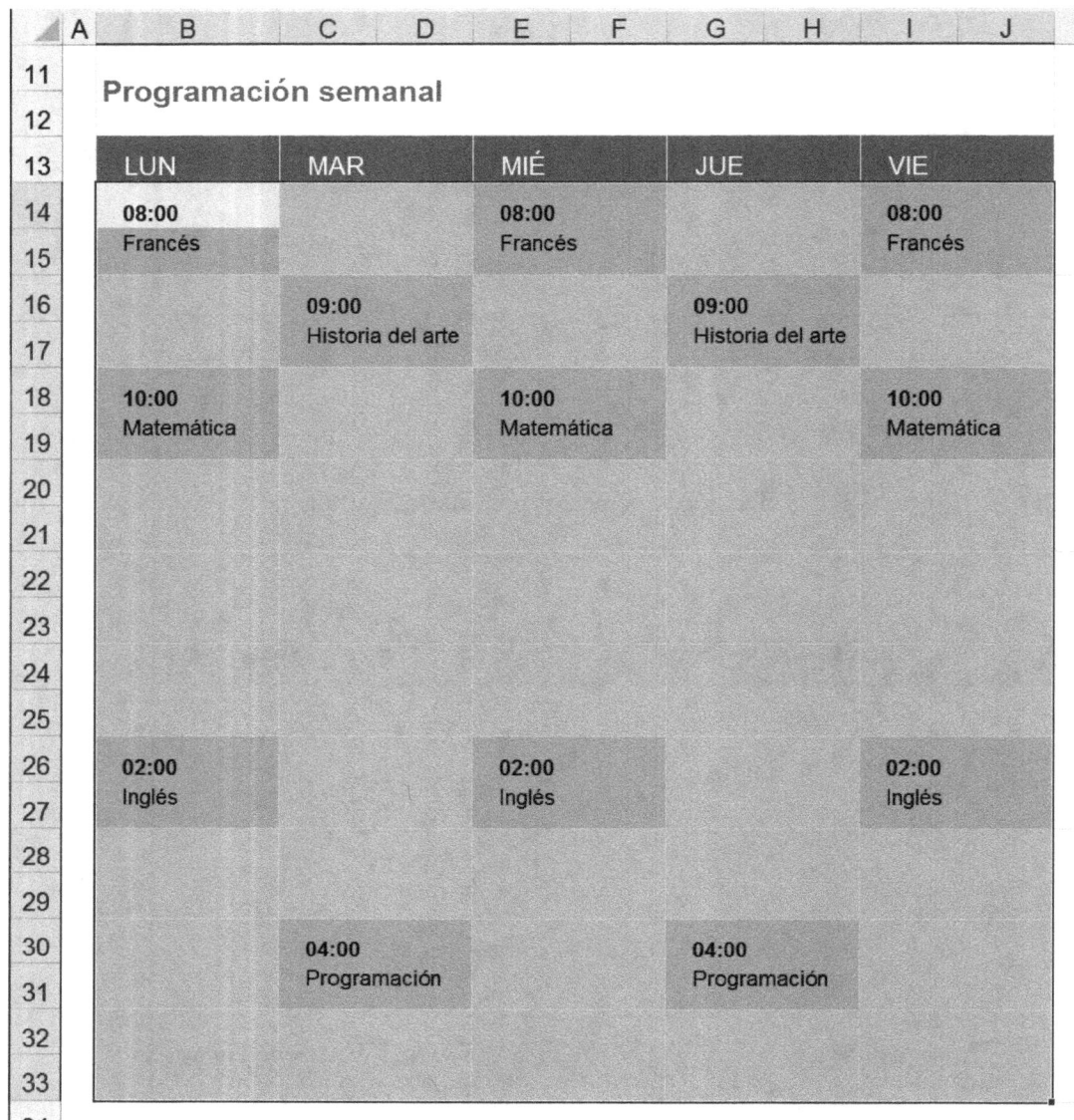

Figura 2.13: Selección del panel de programación semanal

- A continuación copia el área seleccionada. Como muchos de los comandos y funciones de Excel, puedes realizarlo de varias maneras:

(a) utilizando el atajo de teclado `Ctrl` + `C`. Esto es lo más rápido.

(b) accediendo a la cinta de opciones, en la `Inicio` ⟩ Portapapeles ⟩ Copiar, tal y como se muestra en la figura 2.14.

(c) accediendo al menú del botón derecho del ratón (ponte sobre la zona seleccionada y pulsa el botón derecho del ratón). Una vez desplegado el menú, puedes seleccionar el comando `Boton Derecho` ⟩ Copiar, como se observa en la figura 2.15.

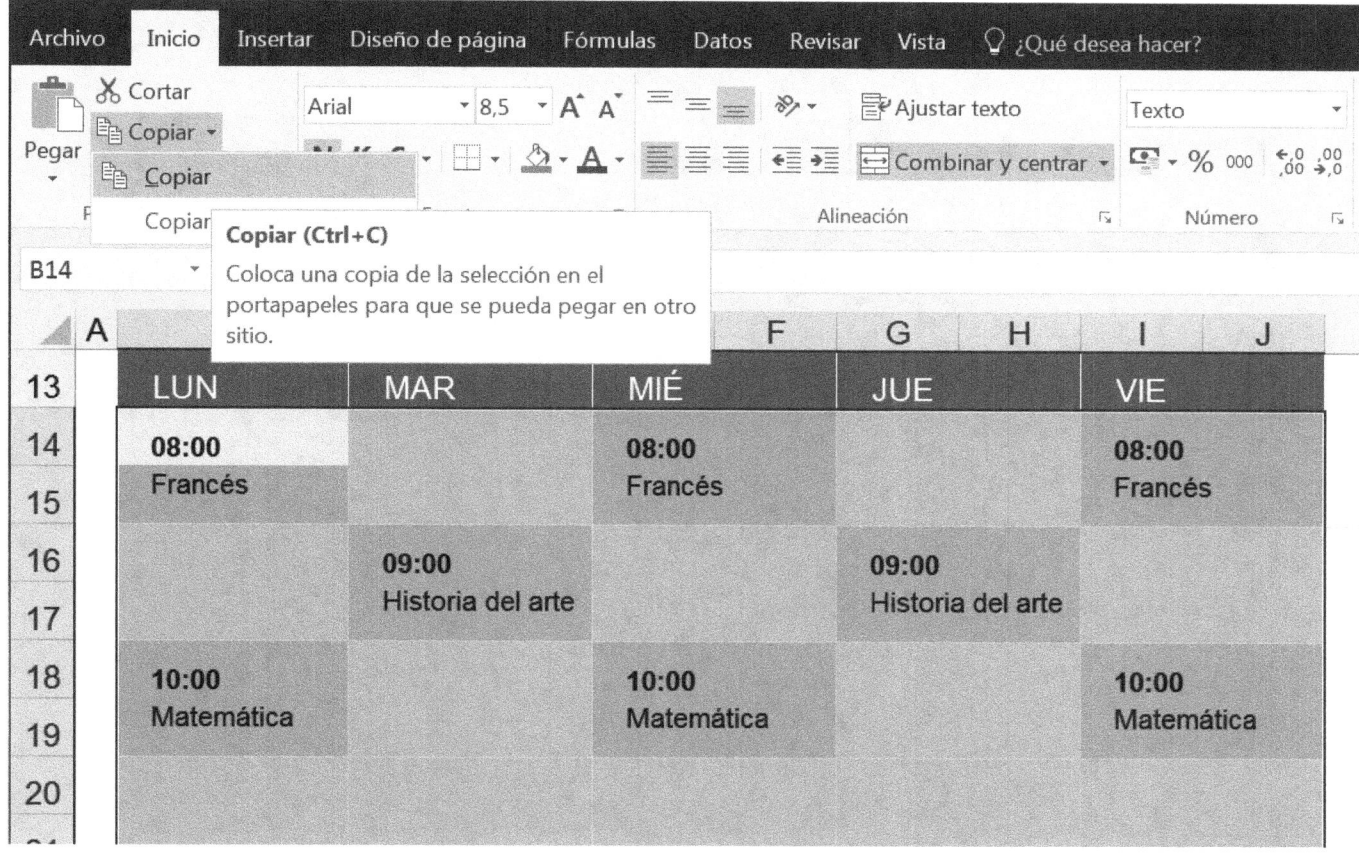

Figura 2.14: Copiar usando el comando Inicio ⟩ Portapapeles ⟩ Copiar de la cinta de opciones

- Si lo has copiado, el área que ha sido copiada aparece resaltada con un borde de linea discontinua que se mueve, según se muestra en la figura 2.16. Asegúrate de que es así antes de continuar con el siguiente paso.

- Cambia a la hoja de Febrero (o al mes que interese), y pulsa con el ratón sobre la celda C:13, que quedará seleccionada. A continuación pega los datos copiados desde la hoja del mes de Enero. De nuevo, tienes varias posibilidades para realizar esta acción:

  (a) con el atajo de teclado Ctrl + V . Es la forma más rápida.

  (b) accediendo en la cinta de opciones a Inicio ⟩ Portapapeles ⟩ Pegar , tal y como se muestra en la figura 2.17.

  (c) accediendo al menú *Boton Derecho* ⟩ Pegar(P) , como se observa en la figura 2.18.

Te recomiendo que utilices los atajos de teclado Ctrl + C y Ctrl + V . Es el famoso *copia y pega*.

En este ejemplo, has copiado todo el panel del horario de clases, pero si solo quieres modificar una parte y copiar los cambios, selecciona solo el área deseada y lo copias en el destino siguiendo los procedimientos explicados anteriormente.

Las fila y columna de las celdas de inicio no tienen que coincidir con las fila y columna de destino. Esto puede ser útil si un mes tiene una serie de clase que empiezan antes y no aparecen en los otros meses.

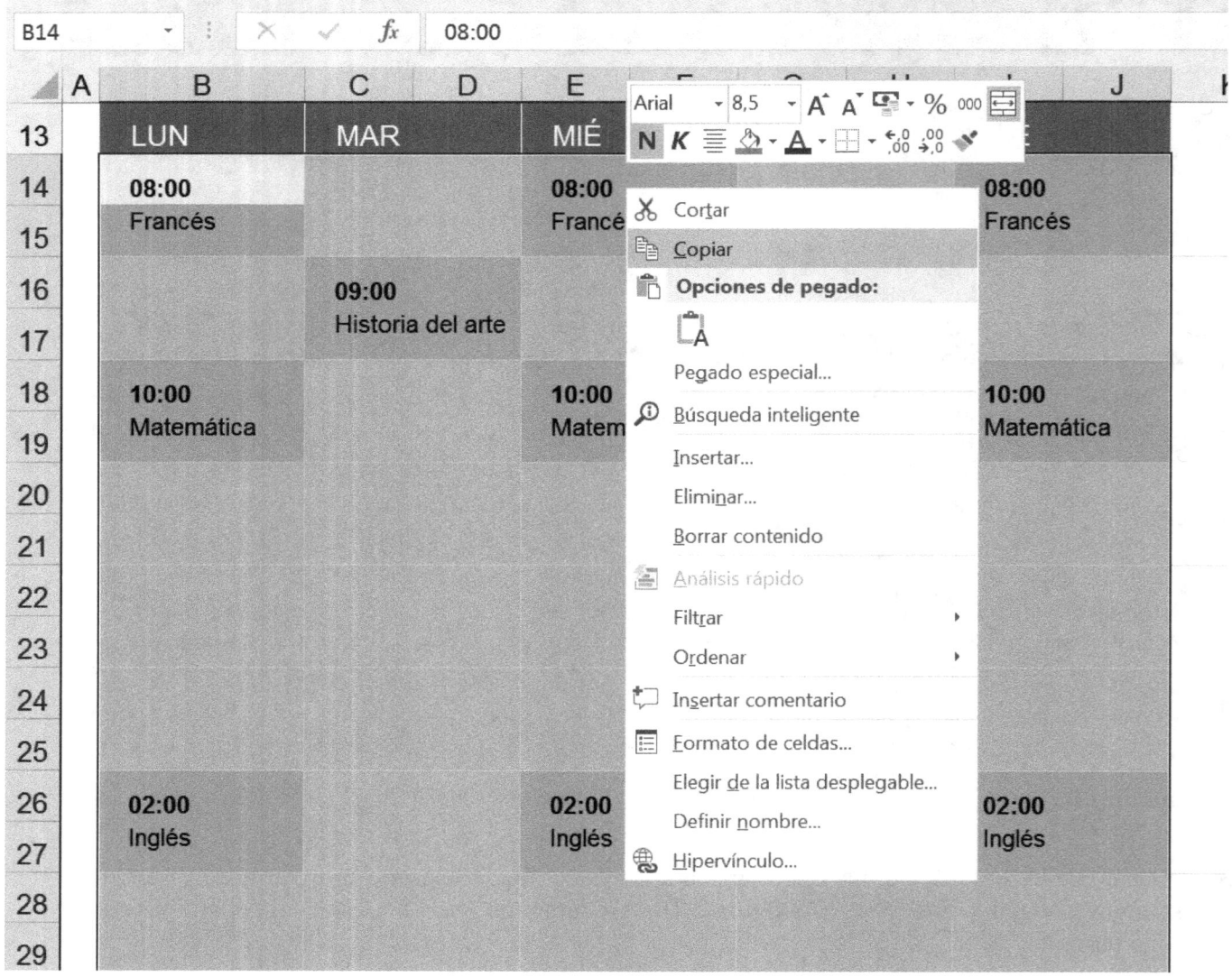

Figura 2.15: Copiar con **Boton Derecho** ⟩ Copiar

Escribe primero estas clases que son distintas y copia/pega las clases comunes con los otros meses a continuación de ellas.

Si te has equivocado a la hora pegar, el comando **Deshacer** con ⎡Ctrl⎤+⎡Z⎤ lo soluciona.

2.3.4 Introducir tareas en el calendario

Una función interesante del calendario es el poder apuntar tareas a cumplir en un día determinado, y que aparezca reflejado en el panel del mes. Las tareas pueden ser fechas de exámenes, trabajos a entregar, excepciones al horario, etc. Para anotarlas, usarás el panel **Tareas** del lado derecho.

Como se observa en la figura 2.19, el panel de la derecha está dividido en días de la semana. Para introducir una tarea, colócate en una fila del día de la semana que te interesa, y en la columna **L** escribe el

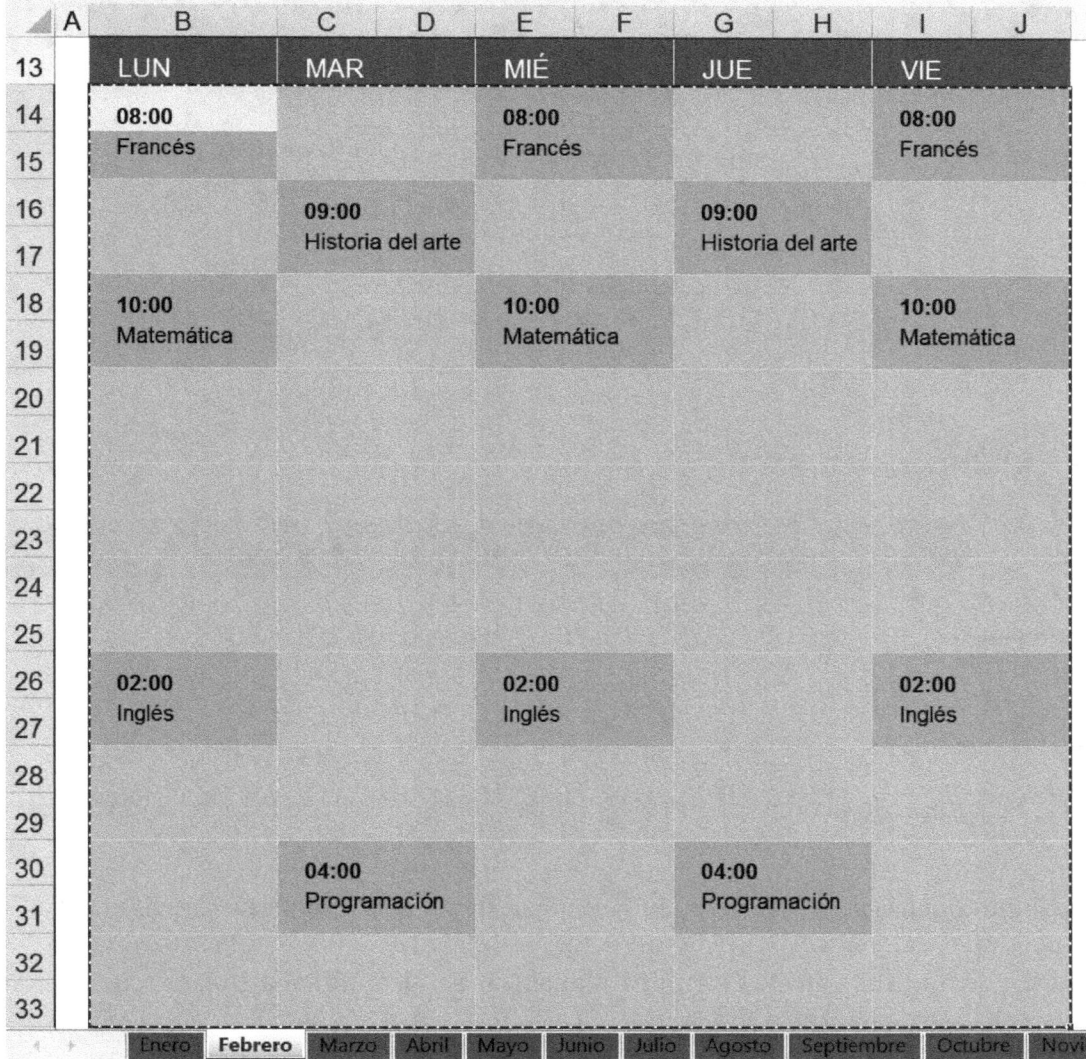

Figura 2.16: Selección en modo copia del panel de programación semanal

día del mes en el que hay que realizar la tarea. En la columna **M** escribe una descripción de la tarea. Por ejemplo:

- en la celda **L4** escribe el valor *5*

- en la celda **M4** escribe: *exámen de matemáticas a las 10:00*

Al introducir un número de día en la columna **L** de la lista de tareas, ese día se marca en el calendario mensual con un color distinto, como se ve en la figura 2.20.

Si quieres copiar el texto de una tarea, o el texto y día, usa el comando **Copiar** Ctrl + C sobre la celda de origen, ve a la celda destino y ejecuta el comando **Pegar** Ctrl + V .

Para borrar una tarea, selecciona las celdas de las tareas que quieres eliminar y pulsa la tecla Supr .

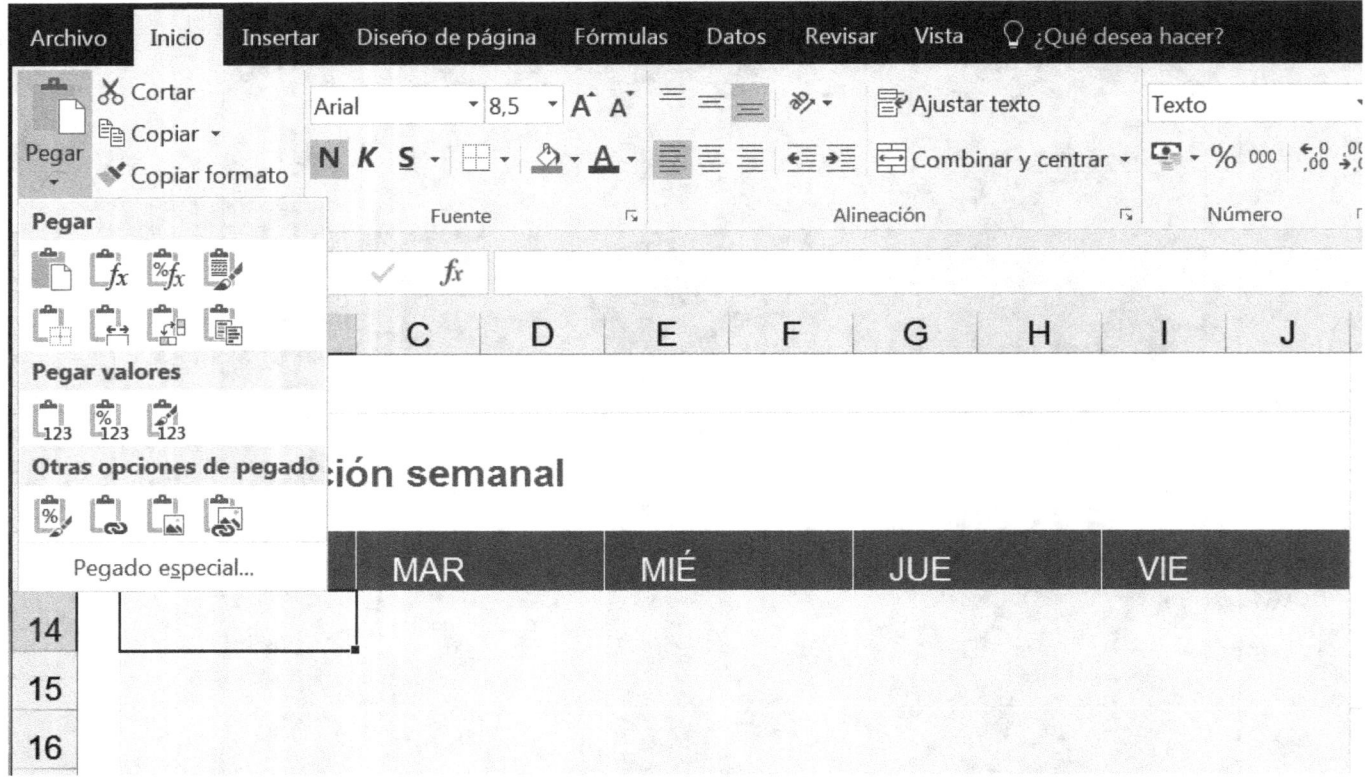

Figura 2.17: Pegar usando el comando Inicio ⟩ Portapapeles ⟩ Pegar de la cinta de opciones

Si te equivocas al introducir datos, copiar/pegar o eliminar, tienes el comando **Deshacer** con Ctrl + Z .

No olvides guardar periódicamente los cambios realizados en el horario/calendario con el comando Archivo ⟩ Guardar o el atajo de teclado Ctrl + G .

2.4 Imprimir el horario

Ya tienes introducidos todos los datos de horas de clases, las actividades y tareas. Es el momento de imprimir el horario para tenerlo en un lugar visible (como pegado con un imán en la nevera). Para realizar esta acción, debes de tener una impresora conectada a tu ordenador.

Para acceder a los paneles de imprimir, puedes ir a través del menú Archivo ⟩ Imprimir, o pulsar el atajo de teclado Ctrl + P . Llegarás al panel mostrado en la figura 2.21.

En este panel puedes observar dos zonas perfectamente diferenciadas:

- En el lado izquierdo, una serie de botones que controlan todos los aspectos relacionados con la impresión del documento: tipo de impresora, tamaño del papel, orientación del papel, márgenes, etc.

- En el lado derecho, una vista previa de como va a quedar el documento impreso. Esta vista previa se actualiza según realizamos cambios con las opciones de la izquierda.

Figura 2.18: Pegar con **Boton Derecho** ⟩⟩ Pegar(P)

Si estás conforme con la apariencia del documento según te lo ha presentado Excel, pulsa el botón Imprimir (el que está arriba a la izquierda con el símbolo de una impresora), y listo. Ya tienes tu copia en papel.

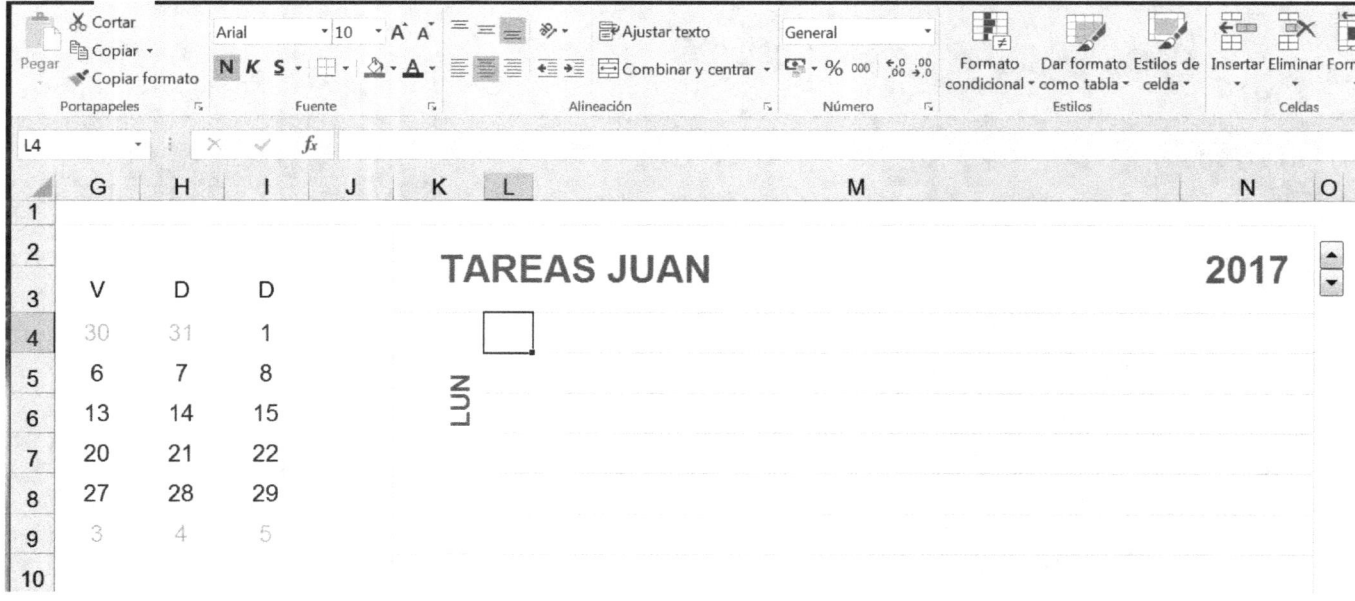

Figura 2.19: Panel de entrada de tareas

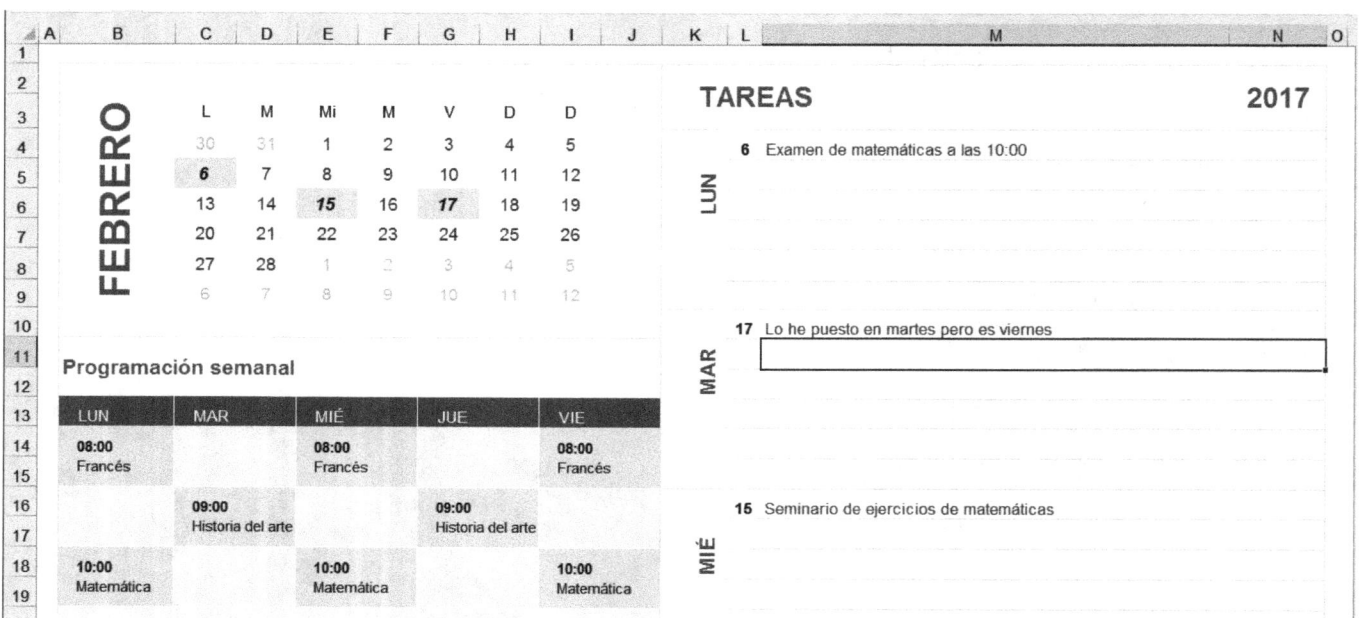

Figura 2.20: Resaltado de las tareas en el calendario mensual

2.4.1 Ajustar la hoja para imprimir

Lo más probable es que tengas que ajustar algunos parámetros para obtener un resultado de impresión correcto. Lo primero es verificar cuantas páginas se van a imprimir. Como estas imprimiendo la hoja de un mes, debería aparecer todo en una solo página.

En la parte inferior izquierda de la vista previa aparece un contador con el número de páginas. Si ves que indica más de una, necesitas hacer ajustes para que salga todo en una sola hoja. Pulsando sobre la flechas

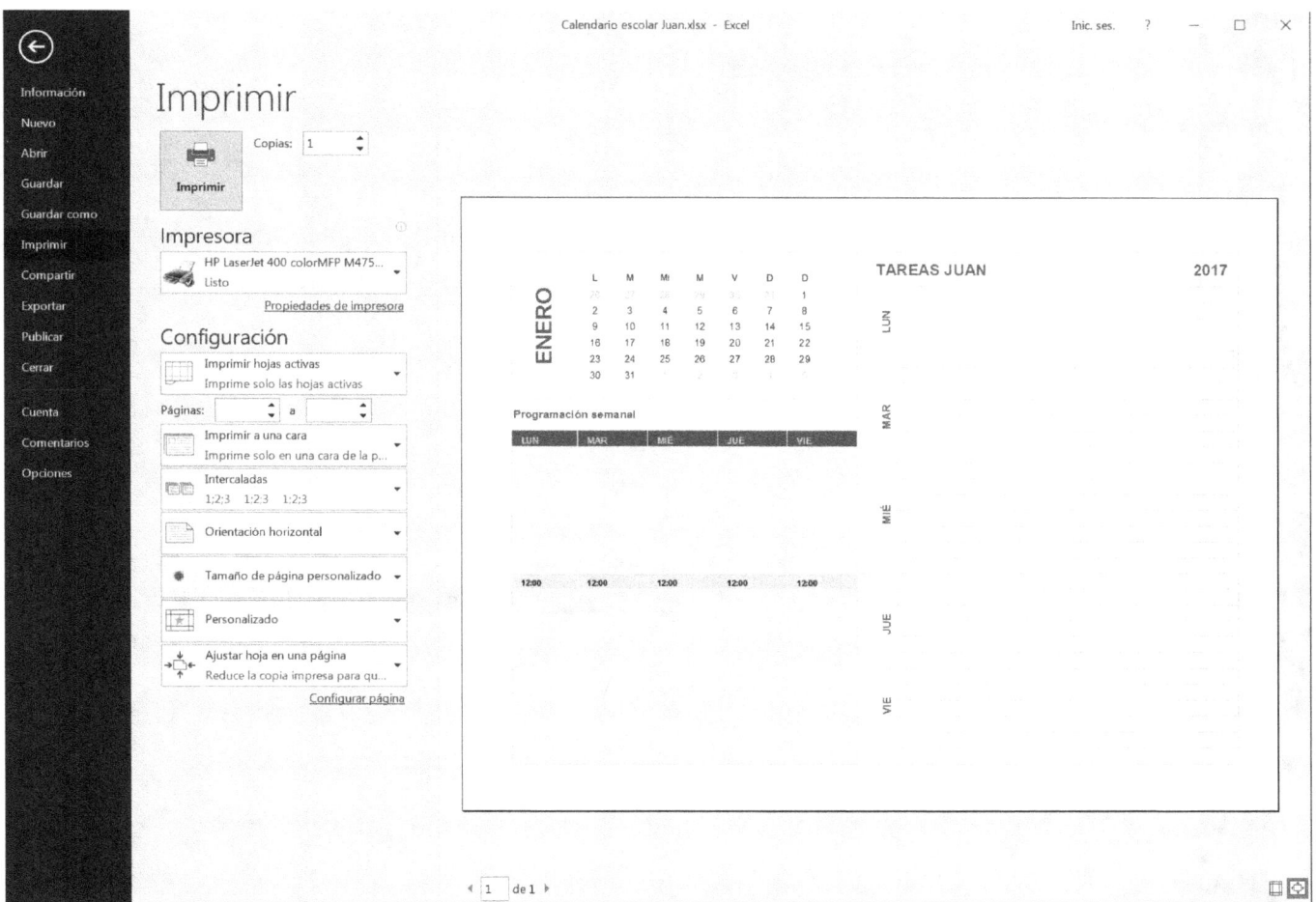

Figura 2.21: Panel de imprimir, con opciones y vista previa

del contador de páginas, puedes ir viendo que se va a imprimir en cada hoja.

Paraara conseguir un resultado óptimo ten en cuenta los siguientes pasos:

- **Selecciona** el tamaño de papel que está usando en la impresora. En Europa el tamaño más corriente es el A4, como se muestra en la figura 2.22. Si estás usando otro tamaño de papel, lo tienes que indicar en la selección.

- Para conseguir que todo el calendario quepa en una sola página de papel. Para ello usa la opción de escalado (el botón de más abajo). En la figura 2.23. Este comando hace que la imagen del documento se encoja hasta que quepa en el tamaño de papel que has seleccionado. El contador de páginas de vista previa debería estar a 1, una vez adaptado el tamaño.

- Si hay mucho margen entre los bordes del papel y lo que se va a imprimir, puedes reducir estos márgenes. Si eliges *Márgenes Estrechos* (la figura 2.24), reduces los bordes en el papel.

- Puedes reducir aún más su tamaño accediendo a los ajustes personalizados de la página. En el menú que se ha desplegado al seleccionar los márgenes (véase figura 2.24), en la parte inferior aparece la opción **Márgenes personalizados...**

(a) Pulsa sobre esta opción y veras que se abre un cuadro de diálogo de ajustes manuales (figura 2.25).

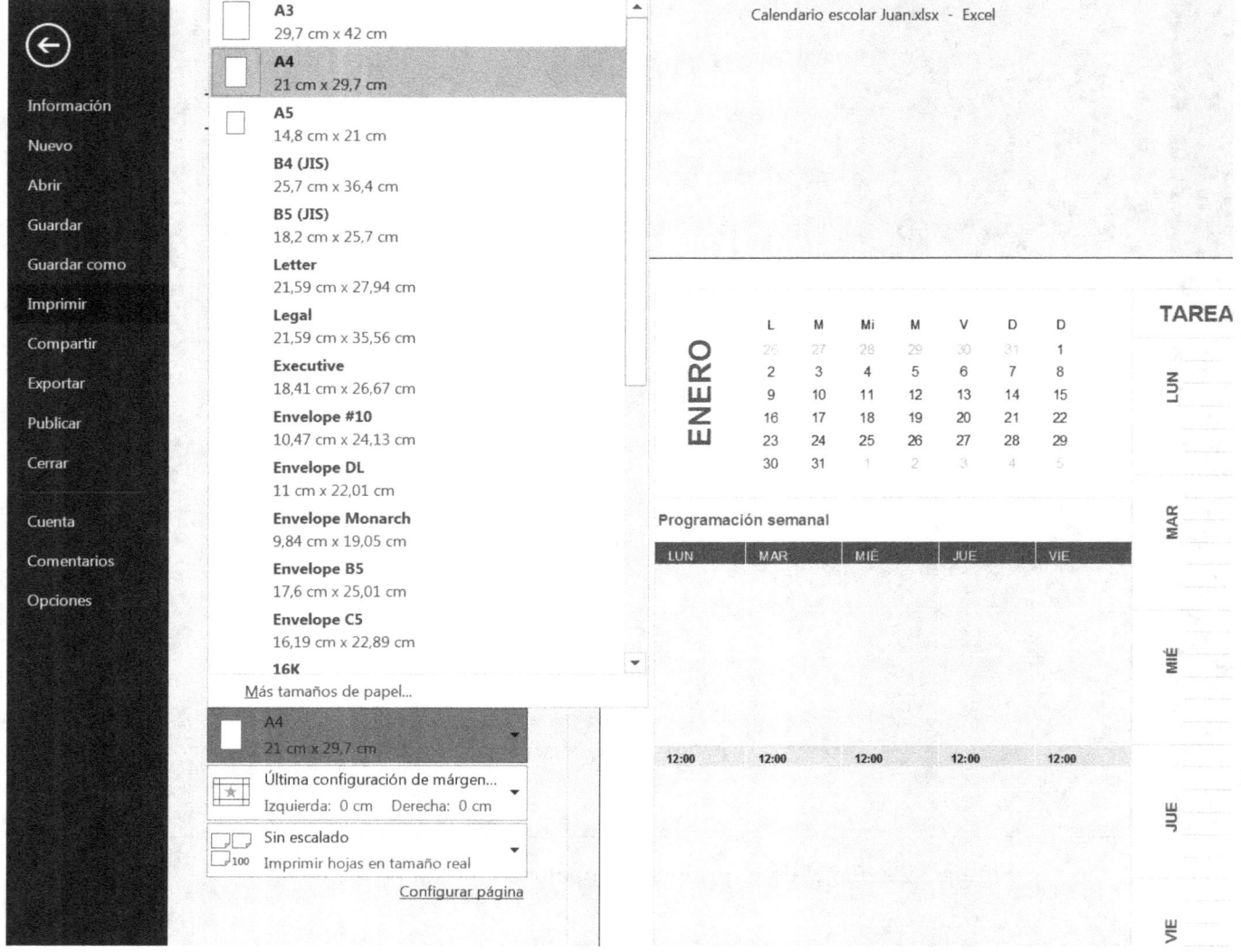

Figura 2.22: Selección de tamaño de papel A4

(b) Para obtener el máximo espacio para la imagen a imprimir, pon todos los márgenes a cero.

(c) Asegúrate de que has marcado las dos casillas de **Centrar en la página**, para que el horario quede bien centrado.

(d) Una vez que hayas acabado de configurar los márgenes, pulsa sobre el botón Aceptar.

Con todos estos cambios se utilizará el máximo de papel para la imagen del horario.

Pulsa sobre el botón de Imprimir y listo.

Por cierto, no olvides guardar el libro después de haber configurado las opciones de imprimir (recuerda, Archivo ⟩ Guardar o Ctrl + G), porque todas las configuraciones que has realizado en cuanto a tamaño de papel, márgenes, etc., se guardan dentro del libro. La próxima vez que tengas que imprimir una hoja de horarios de este libro, ya estará la impresora configurada como a ti te gusta.

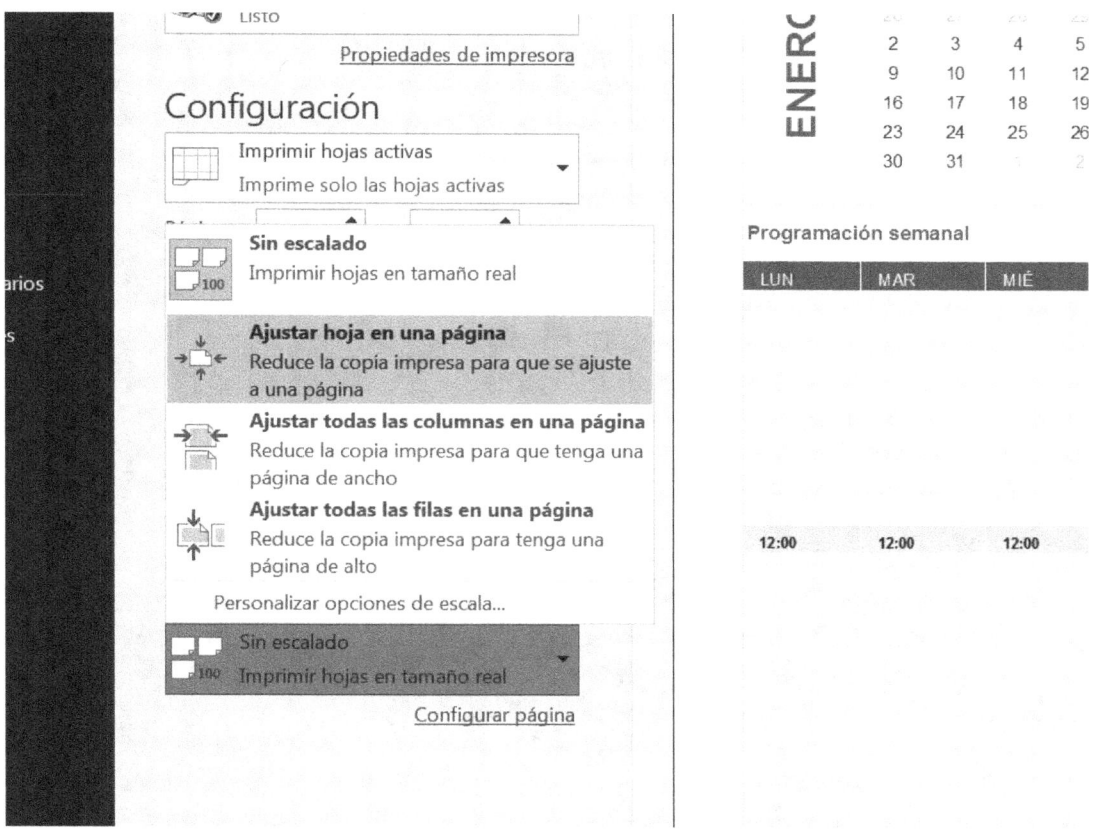

Figura 2.23: Escalado del calendario a una sola página

2.4.2 ¿Y si no tengo impresora o quiero mandar el horario por correo?

Puede darse el caso de que no tengas impresora en casa, y quieras llevarte el documento para imprimirlo en un servicio de impresión o en casa de un amigo. Una solución es llevar el fichero Excel directamente, pero tienes otras opciones.

El formato de documento **PDF** (*Portable Documento Format* de Adobe Inc.), es un estándar universal. Es un formato para imprimir, con lo cual si lo usamos, solo enviaremos los que queremos que se imprima.

Excel te permite generar un fichero **PDF** directamente. Para obtenerlo, sigue los siguientes pasos:

- Selecciona la hoja de calendario que quieres convertir a **PDF**. Para ello, pulsa sobre la pestaña con el nombre del mes que quieres imprimir.

- Ajusta todas las opciones de página (tamaño, márgenes, etc.) según se ha comentado en la sección anterior.

- Cuando estés conforme con la apariencia que presenta el documento, en lugar de pulsar el botón Imprimir, vete al menú izquierdo (el que está en la zona verde) y elige Guardar como. Aparecerá un panel como del de la figura 2.26. Fíjate en que el tipo de archivo es *Libro de Excel(*.xlsx*, y aparece con icono de Excel en la parte inferior.

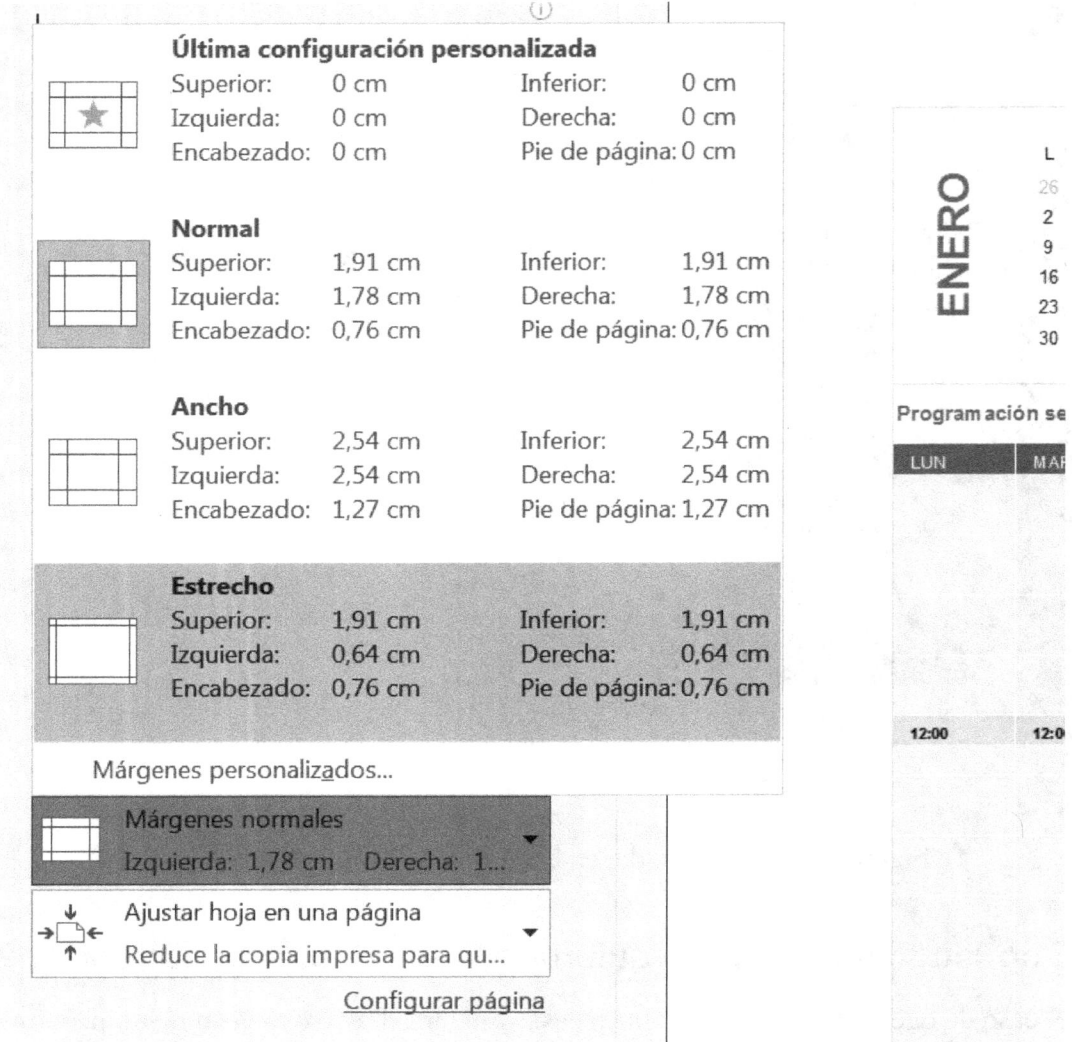

Figura 2.24: Selección de los márgenes de la página

- Este es el paso diferente. Debajo del nombre del libro hay un selector para elegir el formato del fichero. Despliégalo y selecciona el formato **PDF** de la lista que aparece.

- Una vez seleccionado el formato **PDF**, deberías de tener un panel similar al de la figura 2.27. Si te fijas, el icono ha cambiado y muestra el de PDF. Pulsa sobre el botón Guardar que hay a la derecha del formato (el que tiene un diskette), y el fichero PDF se guardará en la misma carpeta en la que tienes almacenado tu libro, con el mismo nombre pero con extensión *.pdf*

2.5 Cómo modificar el aspecto de los elementos del horario

2.5.1 Cambiar el color de las pestañas de las hojas

Podría interesarte asignar a las pestañas de la hojas que identifican cada mes distintos colores, para diferenciar meses lectivos de meses de vacaciones. Nada más fácil:

- Selecciona la pestaña del mes al que quieres cambiar el color

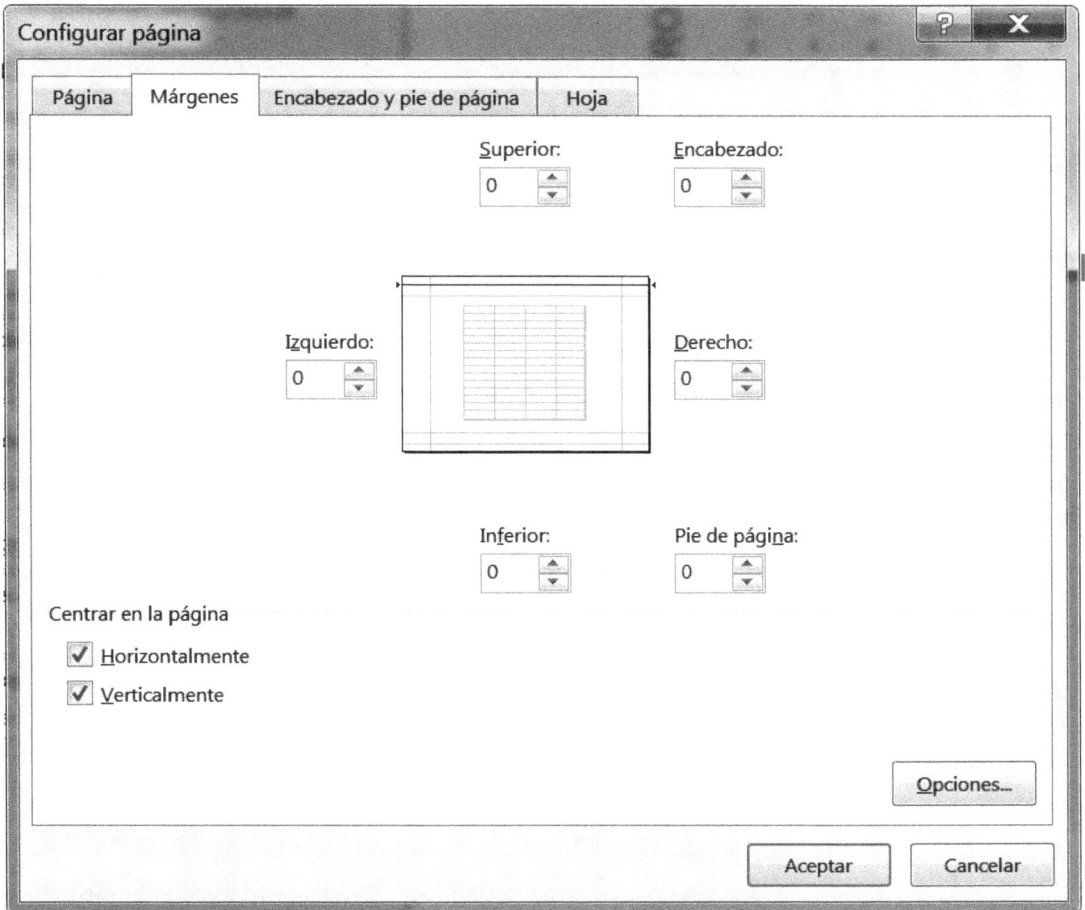

Figura 2.25: Ajuste manual de los márgenes

- Coloca el puntero del ratón encima del nombre de la pestaña a cambiar

- Pulsa el botón derecho. Aparecerá un menú de configuración de la pestaña

- Selecciona el comando **Botón Derecho** ⟩ Color de etiqueta como se muestra en la figura 2.28.

- Elige el color

Puedes asignar distintos colores a cada pestaña. Por ejemplo, para clasificar visualmente los meses lectivos, los que son de vacaciones y los que son mitad vacaciones mitad lectivos. En la figura 2.29 se muestra un ejemplo de clasificación por colores.

2.5.2   Resaltar tareas importantes

Cuando estés introduciendo tareas, puedes necesitar resaltar una que sea importante: un examen, la entrega de un trabajo, una excursión. Por ejemplo, querrías poner el texto en color rojo.

Se puede hacer de varias formas.

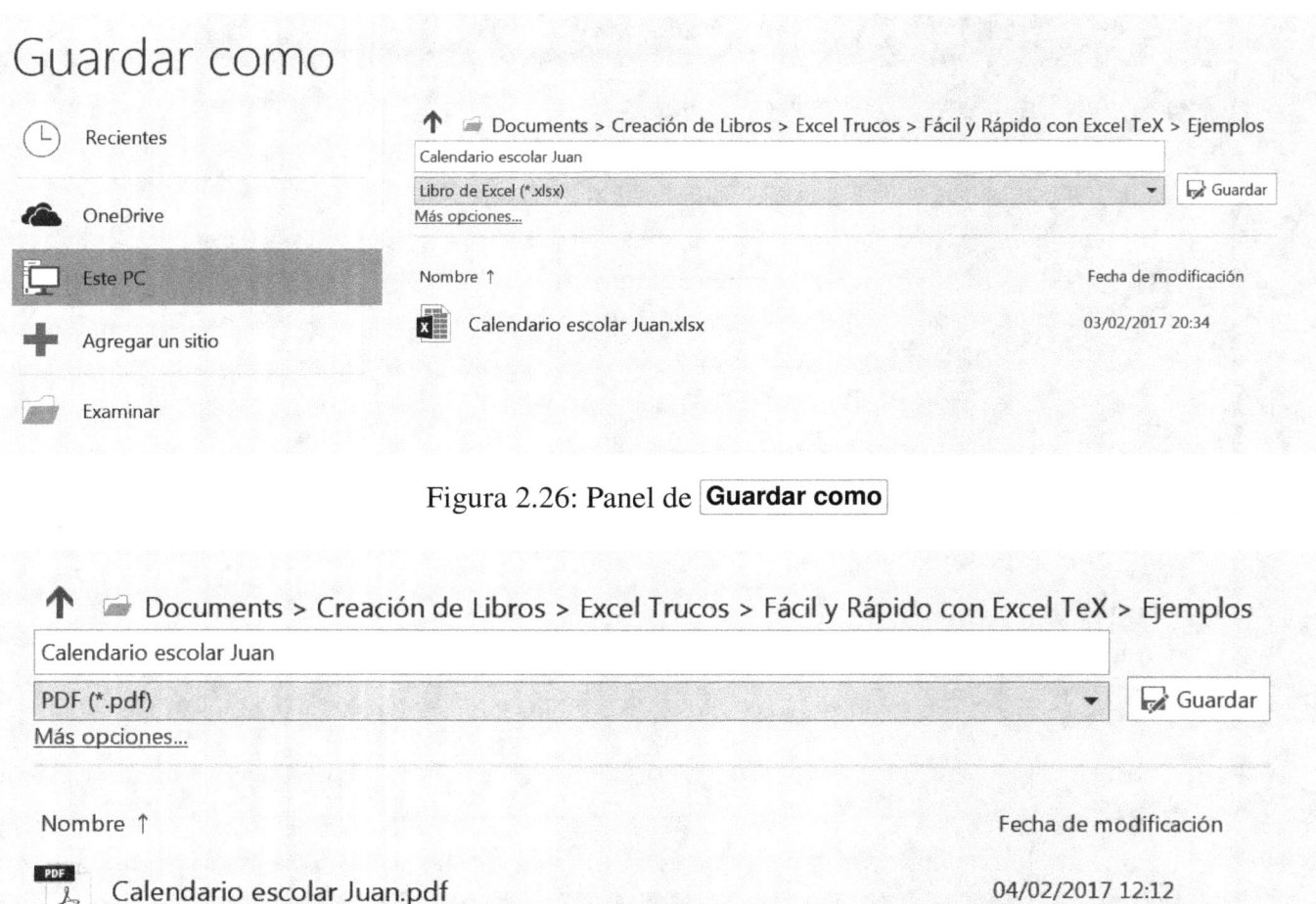

Figura 2.26: Panel de Guardar como

Figura 2.27: Listos para guardar en formato PDF

Puedes modificar las características del texto de una celda con los comandos recogidos dentro del grupo Inicio ⟩ Fuente . Por ejemplo, puedes marcar una celda que contenga el texto de una tarea y cambiar su color a rojo.

Para ello, selecciona la casilla del texto de la tarea y pulsa sobre el triángulo invertido (▼) a la derecha del comando Inicio ⟩ Fuente ⟩ Color de fuente para desplegar el menú de colores, como se muestra en la figura 2.30. Selecciona el color que desees para el texto de la tarea.

Los comandos del grupo Inicio ⟩ Fuente también te permiten:

- Definir el estilo de la fuente de texto: negrita (**N**), cursiva (**K**) y subrayada (**S**)

- Definir el color de relleno (el fondo de la celda) usando el simbolo de un bote de pintura

- Definir la familia y el tamaño de la fuente (los dos menús desplegables de arriba a la derecha)

- Aumentar (**A**▲) o disminuir (**A**▼) el tamaño de la fuente.

Te animo a que te familiarices con todos los comandos del grupo Inicio ⟩ Fuente .

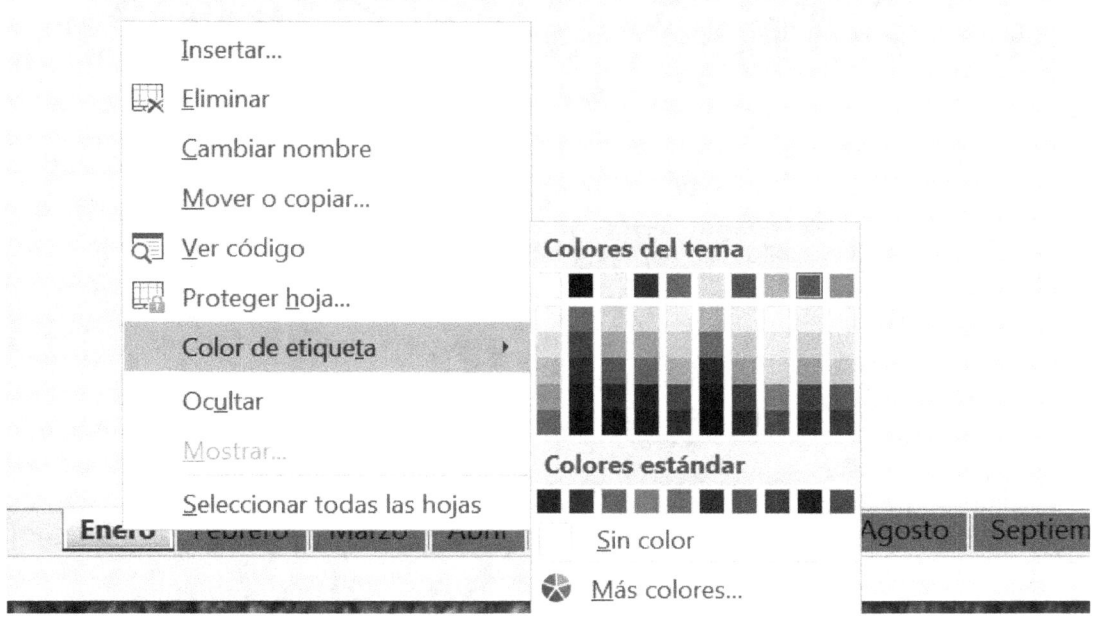

Figura 2.28: Modificar el color de la pestaña de una hoja

Figura 2.29: Hojas identificadas por colores según sea lectivo o no

2.5.3   Usar estilos de celda

Si quieres cambiar más de una celda y que todas tengan el mismo aspecto, puedes ir una a una y cambiar sus propiedades de color de fuente. Pero hay una forma más *fácil y rápida*.

Excel define *estilos de celda* que permiten aplicar un formato de fuente, color, relleno, bordes, etc., de forma *fácil y rápida* a las celdas seleccionadas. El comando **Inicio** ⟩ Estilos ⟩ Estilos de celda te permite realizar estos cambios. En la figura 2.31 puedes ver las opciones que presenta este comando.

Si pasas el ratón sobre los distintos estilos que aparecen en el menú mostrado, la celda que tengas seleccionada en la hoja cambiará a ese estilo, enseñándote como va a quedar si seleccionas ese estilo. Para hacer el cambio de estilo permanente, haz click sobre el estilo que elijas del panel de estilos de **Inicio** ⟩ Estilos ⟩ Estilos de celda.

2.5.4   Cambiar el color de los paneles

Si no te gusta los estilos que se ofrecen, puedes crear un nuevo estilo o modificar uno que ya exista.

Como ejemplo vas a modificar el color del nombre del mes en los calendarios. En lugar de ir uno a uno, vas a modificar el estilo que tienen aplicado:

Figura 2.30: Modificar el color del texto

- Despliega el menú del comando Inicio ⟩ Estilos ⟩ Estilos de celda hasta que se muestre como en la figura 2.31.

- Coloca el cursor del ratón sobre el *Encabezado 1* (es el de más a la izquierda de la fila de Inicio ⟩ Estilos ⟩ Estilos de celda ⟩ Títulos y encabezados).

- Pulsa el botón derecho del ratón para mostrar el menú auxiliar, que se mostrará como en la figura 2.32.

- Selecciona **Botón derecho** ⟩ Modificar... Se despliega un panel control como el mostrado en la figura 2.33. En este diálogo, se muestra que aspectos controla el estilo seleccionado.

- Pulsa sobre el botón Formato... . Se abrirá otro diálogo que controla todos los parámetros del estilo seleccionado. Pincha en la pestaña **Fuente** . Deberías tener un diálogo similar al mostrado en la figura 2.34.

- Pulsa sobre el selector de color, y elige uno distinto al que tiene actualmente. El color actual aparece remarcado con una fina linea roja.

- Una vez hayas seleccionado el color que quieres darle al estilo, pulsa sobre Aceptar .

- Volverás al cuadro de diálogo de la figura 2.33. Vuelve a pulsar el botón Aceptar .

Después de las operaciones que has realizado, podrás observar:

- El color del texto del nombre del mes ha cambiado al color que habías seleccionado. Este cambio se ha producido en todos los meses, es decir, en todas las celdas que tienen aplicado el estilo *Encabezado 1*.

- En el panel del comando Inicio ⟩ Estilos ⟩ Estilos de celda ⟩ Títulos y encabezados , ha cambiado el color del estilo *Encabezado 1*.

Figura 2.31: Hojas identificadas por colores según sea lectivo o no

Figura 2.32: Acceso a modificar estilo

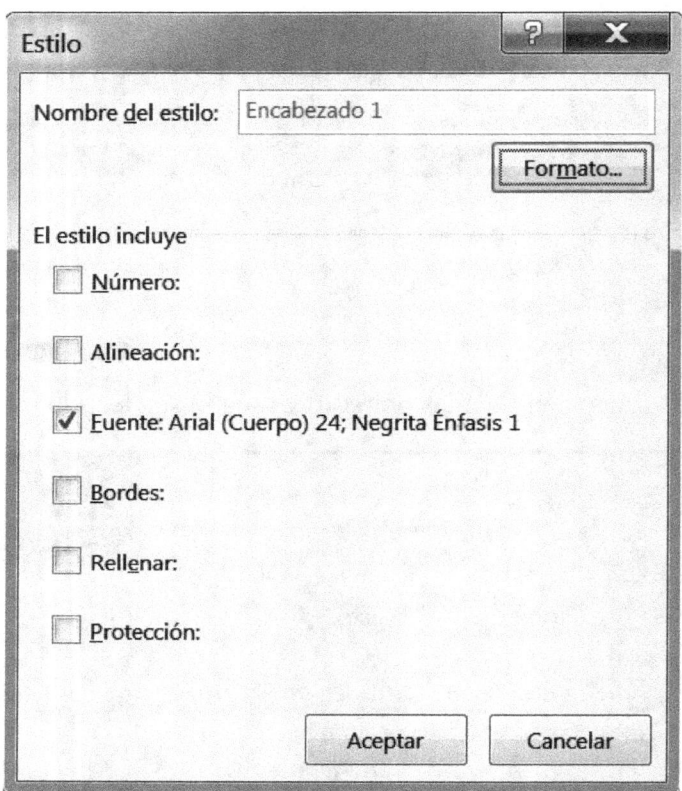

Figura 2.33: Panel de control del Estilo

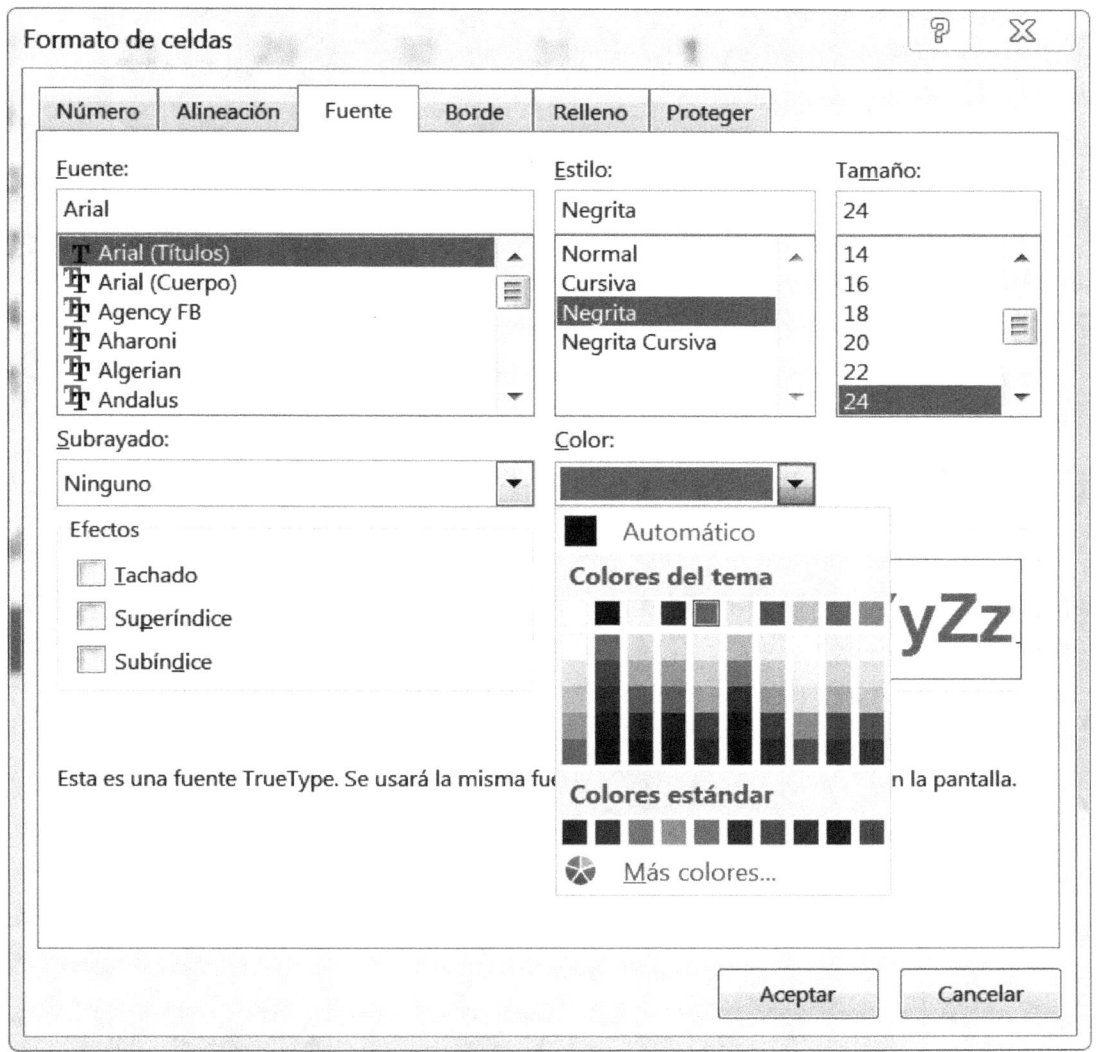

Figura 2.34: Modificar color del estilo

CAPITULO 3

CONTROLAR LA ECONOMÍA PERSONAL

El dinero no da la felicidad, pero procura una sensación tan parecida, que necesita un especialista muy avanzado para verificar la diferencia.

*—**Woody Allen** (1935-) Actor, director y escritor*

En esta capítulo aprenderás a manejar tus gastos personales usando Excel. Podrás analizar en qué y cuando te gastas el dinero, y el saldo a final de año.

Con el principio de *fácil y rápido*, usaremos una plantilla de libro de las que nos ofrece Excel y la modificaremos.

La plantilla propuesta está pensada inicialmente para controlar solo los gastos, pero la vamos a modificar para incluir los ingresos, el saldo de la tarjeta de crédito y los movimientos de dinero entre distintas cuentas.

Planificaremos la entrada de datos, configuraremos las cuentas, etc., de manera que te sea *fácil y rápido* saber en qué te gastas el dinero realmente. Es posible que te pueda sorprender el resultado.

Si el ejemplo mostrado no cubre todas tus expectativas, puedes descargar una plantilla distinta, o mejorar la plantilla para adaptarla a tus gustos y necesidades, como te proponemos a lo largo del capítulo.

3.1   Obtener la plantilla de libro de Excel

Excel dispone de un panel con plantillas para crear nuevos libros. En este panel puedes seleccionar el crear un libro en blanco, o utilizar uno que contenga un formato predefinido.

Si en la lista por defecto no encuentras la plantilla de libro que te interesa, Excel te ofrece la posibilidad de hacer una búsqueda por nombre o temática. La utilidad de búsqueda se muestra como un recuadro blanco con un símbolo de lupa en la derecha.

La búsqueda de plantillas se realiza en Internet. Como lo vamos a usar hay que estar conectado a la red.

Introduce las palabras **economia personal**, y pulsa la tecla |Intro| o haz click sobre el símbolo de la lupa.

Excel buscará en su base de datos de Internet, y nos mostrará las plantillas disponibles. Selecciona la plantilla de libro **"Gestor de la economía personal"**. En la vista previa de la plantilla, pulsa sobre el botón |Crear|. Aparecerá un libro con nombre **"Gestor de la economía personal1"**, como se muestra en la figura 3.1

Este libro consta de tres hojas:

- **Seguimiento del capital personal** (figura 3.1): Sirve para la introducción de los datos de cuentas disponibles y gastos realizados. También presenta un gráfico en el que muestra el consumo de tus recursos monetarios.

- **Resumen mensual**: Analiza los gastos introducidos en la hoja anterior, mediante un gráfico dinámico y una hoja dinámica.

- **Datos del Gráfico**: Es una hoja auxiliar para obtener los datos resumidos que se presentan en el gráfico de la hoja de **Resumen mensual**.

Guárdalo en el disco con |Ctrl|+|G| y dale un nombre. Nos vale un nombre descriptivo como **Gastos personales Alberto** o algo similar.

3.2   Configuración de cuentas y entrada de gastos

Una vez creado tu libro para el registro de los datos, como primera acción limpiaremos los datos que no nos interesan y registraremos los nuestros.

La entrada de datos se realiza en la hoja **Seguimiento de capital personal** de forma ordenada. Vamos a ello.

3.2.1   Configurar el listado de cuentas

El primer paso es configurar la tabla del *"listado de cuentas"*. Esta tabla se encuentra en la hoja **Seguimiento del capital personal**, en su parte superior, la que aparece con el título **Resumen de efectivo**.

En Excel una tabla es un objeto se categoría superior a una simple lista de datos o un rango, ya que dispone de comandos y funciones específicas. Al seleccionar una celda que está dentro de una tabla, en la cinta de opciones aparecerá una nueva pestaña más oscura con los comandos y opciones que se pueden aplicar sobre una tabla. Puedes observar como aparece esta nueva pestaña |Herramientas de tabla| en la figura 3.2.

Figura 3.1: Libro **"Gestor de la Economia Personal"** al abrirla

En la tabla **Resumen de efectivo** se recogen las cuentas bancarias y monetarias que manejas. El ejemplo propuesto por la plantilla recoge tres cuentas: Facturación, Ahorros y Otros. Nosotros vamos a definir las siguientes:

- Una cuenta para cada cartilla de ahorros, cuenta corrientes o depósito que tengas.

- Una cuenta para cada tarjeta de crédito que tengas, ya sean de bancos o de comercios. Las tarjetas de débito no son necesarias pues ya se descuentan directamente de las cuentas bancarias.

- Una cuenta de efectivo.

Esta lista de las cuentas que tienes se utilizará en la tabla **Efectivo que he gastado** para asignar la cuenta a la que se carga el gasto. No te preocupes si no pones todas las cuentas al principio. Siempre puedes añadir más cuentas posteriormente.

Figura 3.2: Pestaña **Herramientas de tabla** en la cinta de opciones

Empieza por cambiar el nombre de las cuentas por las tuyas personales. SSi quieres añadir más, selecciona la celda correspondiente a **Efectivo restante** de la última cuenta y pulsa la tecla TAB o →. Se añadirá una nueva línea de datos al final de la tabla.

No confundas la última linea de datos con la linea de totales. La linea de totales es la que está resaltada con fondo amarillo.

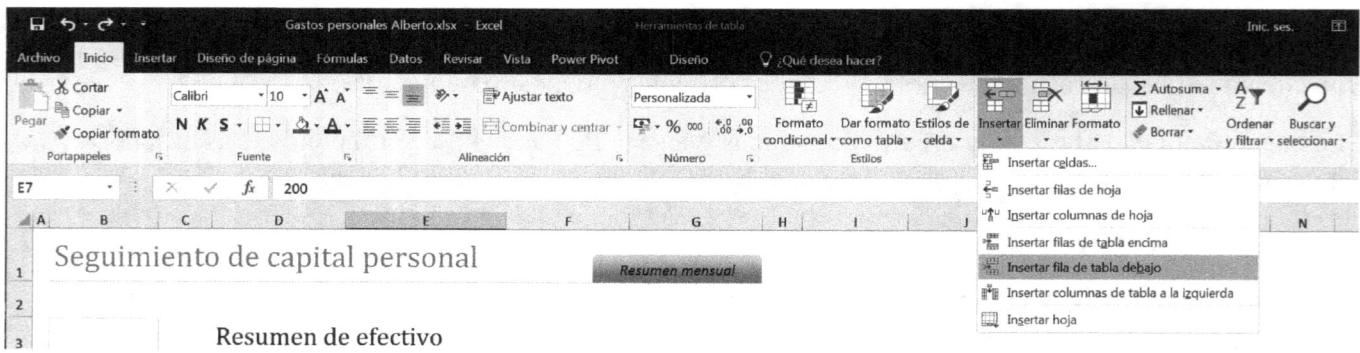

Figura 3.3: Comando **Insertar** en la cinta de opciones

 También puedes añadir nuevas líneas a la tabla utilizando el comando Inicio ⟩ Celdas ⟩ Insertar ⟩ Filas de la tabla encima de la **Cinta de Opciones** (figura 3.3), o en el menú de botón derecho **Botón derecho** ⟩ Insertar ⟩ Filas de la tabla arriba (figura 3.4).

Resumen de efectivo

Cuenta	Efectivo de inicio	Total de gastos	Efectivo restante
Facturación	30(		572,00
Ahorros	5(		50,00
Otros	2(		170,00
Total	37(		2792,00

Calibri ▾ 10 ▾ A˄ A˅ 📷 ▾ % 000
N K ≡ 🎨 ▾ A ▾ ⊞ ▾ ⁺.⁰ .⁰⁰

✂ Cortar
📋 Copiar
📋 **Opciones de pegado:**
　📋
　Pegado especial...
🔍 Búsqueda inteligente
↻ Actualizar
　Insertar　　　　　▸
　Eliminar　　　　　▸
　Seleccionar　　　▸
　Borrar contenido
📊 Análisis rápido
　Ordenar　　　　　▸
　Filtrar　　　　　▸
　Tabla　　　　　　▸
💬 Insertar comentario
🗐 Formato de celdas...
　Elegir de la lista desplegable...
🌐 Hipervínculo...

⊞ Columnas de la tabla a la izquierda
⊞ Filas de la tabla arriba
⊞ Fila de tabla abajo

Efectivo que he gastado

Fecha ▾	Descripción ▾	Cuenta ☰ ▽
04/01/2012	Retirada ATM	Ahorros
05/01/2012	Almuerzo	
06/01/2012	Pago del coche	
03/02/2012	Pago de electricid	ción
07/02/2012	Cena	ción
01/03/2012	Retirada de efecti	
06/03/2012	Pago del coche	ción
06/04/2012	Pago de electricid	

Descripc... ☰ ▽
Almuerzo
Cena
Pago de electrici...
Pago del coche
Retirada ATM
Retirada de efect...

e capital personal　Resumen mensual

Figura 3.4: Comando **Insertar** en el menú derecho del ratón

El comando Inicio ⟩ Celdas ⟩ Insertar ⟩ Insertar filas de tabla encima te permite insertar la nueva fila por encima de la que te encuentras. Inserta tantas filas como necesites para la cuentas bancarias que quieres registrar. No olvides crear una cuenta de **EFECTIVO**.

Cada vez que insertes una nueva fila, las formulas de las columnas **Total de Gastos** y **Efectivo restante**, se crearán automáticamente a partir de las filas superiores. Esta es una característica de las tablas de Excel.

Para terminar de configurar la tabla de cuentas, se registra en la columna **Efectivo de inicio** los saldos iniciales. Introduce el saldo que tienes en cada una de las cuentas que has configurado el día que empiezas a controlar tus gastos, y el dinero que tienes en efectivo.

Para las tarjetas de crédito, introduce el límite de gasto que tiene la tarjeta como **Efectivo de inicio**. Las tarjetas de crédito son dinero que adelanta el banco y cobra por ello, por lo que es muy importante controlar el saldo disponible cada mes (puede que tu tarjeta también tenga la opción de sobrepasar ese límite, pero a costa de pagar unos intereses muy altos por el descubierto).

Según vayas introduciendo los cargos de las tarjetas, la columna **Efectivo restante** te indicará cuanto te queda para alcanzar ese límite y generar un descubierto.

Resumen de efectivo

Cuenta	Efectivo de inicio	Total de gastos	Efectivo restante
Santander	3000,00	0,00	3000,00
Bankia	500,00	0,00	500,00
Tarjeta Carrefour	(200,00)	0,00	(200,00)
~~Efectivo~~	~~185,00~~	~~0,00~~	~~185,00~~
Total	3485,00	0,00	3485,00

Figura 3.5: Cómo queda la lista de cuentas una vez configurada

El gráfico de la izquierda que parece un termómetro obtiene sus datos de la tabla **Resumen de efectivo**. Indica cuanto has gastado (o ganado) como un porcentaje a partir del saldo total inicial. Según vayas introduciendo gastos, los saldos se irán actualizando y los cambios se reflejaran en este gráfico automáticamente.

Si al introducir una nueva línea de cuentas, aparece el texto tachado, puedes copiar el formato de una línea que aparezca de forma correcta de la siguiente manera:

- Selecciona el rango de celdas que tienen el formato correcto. Por ejemplo, **D7 : G7**

- Utiliza el comando | Inicio ⟫ Portapapeles ⟫ Copiar formato |: es la brocha; o pulsando el botón derecho del ratón, en el grupo superior de comandos que aparece el el menú desplegado. El cursor del ratón cambiará a una cruz ancha con una brocha a su derecha.

- Pulsa sobre la celda más a la izquierda del rango de celdas que quieres cambiar. En este ejemplo la **D8** (la que pone **Efectivo**). Se quitará el efecto 'tachado' de toda la fila de la tabla.

3.2.2 Borrar los datos de ejemplo

Ahora vamos a borrar las líneas de ejemplo que trae la plantilla en la tabla **Efectivo que he gastado**.

Selecciona todas las celdas que contienen datos de los gastos (el rango original era **D12:G22**). Para ello, posiciona el puntero del ratón sobre la celda de debajo de la etiqueta **Fecha**. Pulsa el botón izquierdo, y sin dejar de pulsar mueve el puntero hasta que se esté encima de la última celda con datos de la columna **Cuenta**. Las celdas han cambiando a un color gris para indicar que están siendo seleccionadas dentro de un rango, como puedes observar en la figura 3.6.

Figura 3.6: Aspecto de la hoja después de seleccionar un rango de celdas

Una vez seleccionadas todas las celdas a borrar, pulsa la tecla | Supr | para eliminar su contenido.

 Si por error has seleccionado más celdas de las que querías borrar, puedes utilizar el comando **Deshacer** ⟲, o su atajo de teclado Ctrl + Z, que anula el último comando o acción realizada.

Después de borrar los gastos de ejemplos, puedes comprobar los cambios:

- en la tabla **Resumen de efectivo** todos los valores de la columna **Total de Gastos** se han puesto a cero, ya que no tienes gastos registrados.

- El gráfico de efectivo restante (el de la izquierda), está al 100 %

- Los paneles a la derecha de la tabla **Efectivo que he gastado**, se han quedado con una linea que pone '**(en blanco)**'.

 Ya tienes la primera información de gestión: si has configurado todas tus cuentas, ya puedes conocer exactamente el dinero del que dispones. Aparece en la fila de totales de la tabla **Resumen de efectivo**, en la columna **Efectivo restante**.

Ahora es el momento de comenzar a hacer el seguimiento de los gastos que realizas.

3.3 Introducir los gastos

En la tabla **Efectivo que he gastado** introduce una línea por cada gasto que realices. Ve añadiendo líneas a la tabla según las vayas necesitando.

En cada linea, introduce los siguientes datos:

- **Fecha**: el día en que has realizado el gasto. Es importante para luego analizar lo que has gastado en un periodo de tiempo (mes, trimestre, año, etc.).

- **Descripción**: una descripción del gasto. Procura se que sea descriptivo, como 'Frutería', 'Colegio de los niños', 'Seguro del coche', 'Gasolina', etc.

- **Importe**: la cuantía del gasto. Introduce los números como positivos.

- **Cuenta**: El nombre de la cuenta sobre la que aplicar el gasto. Solo permite introducir un nombre de cuenta que aparezca en la tabla **Resumen de efectivo**. Como ayuda, puedes utilizar una lista desplegable que muestra las cuentas configuradas. Para acceder a esta lista, pulsa sobre el cuadrado con una flecha hacia abajo que se encuentra a la derecha de la celda en la que estás introduciendo el nombre de la cuenta, como puedes ver en la figura 3.7. Pulsa sobre la cuenta que quieres asignar a ese gasto.

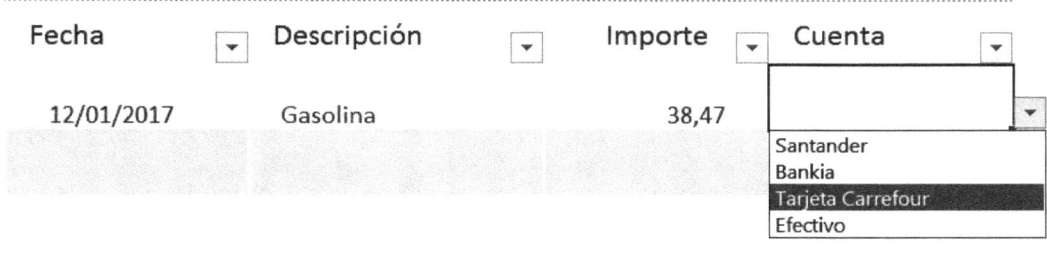

Figura 3.7: Selección de cuenta de la lista desplegable

 Los gastos que son iguales llevan siempre la misma descripción. Por ejemplo, en lugar de anotar *"Gasolina enero"*, *"Gasolina febrero"*, etc., es más conveniente que pongas siempre solo *"Gasolina"*. El mes ya lo has definido en la columna **Fecha**. Usando siempre la misma descripción para el mismo gasto recurrente, Excel te dirá cuanto te has gastado en *"Gasolina"* cada mes, este año, etc, de una forma *fácil y rápida*.

Para introducir siempre los gastos con la misma descripción, de nuevo Excel te ofrece dos comandos fáciles y rápidos: **Autocompletar** y **Lista desplegable**. Funcionan de la siguiente manera:

Autocompletar: Colócate en la celda en la que vas a introducir una nueva descripción de del gasto. Empieza a escribir la descripción. Si los caracteres que vas escribiendo coinciden con una descripción que ya has introducido anteriormente, Excel te sugerirá la que más se parezca.

Como puedes ver en la figura 3.8, al teclear la letra R por ejemplo, Excel propone el texto **'Recibo comunidad'** introducido unas filas más arriba. Para aceptar la sugerencia, pulsa Intro o ↵. Si quieres introducir una nueva descripción, ignora las sugerencias y escribe lo que desees.

Lista desplegable: de nuevo, colócate en la celda en la que quieres introducir la descripción, y haz doble click para entrar en el modo de edición de la celda. Pulsa el botón derecho del ratón para obtener el menú, y selecciona el comando **Botón derecho** 》Elegir de la lista desplegable, como se muestra en la figura 3.9.

A continuación, Excel te mostrará una lista de valores únicos de las descripciones que llevas registrados. Elige la descripción que necesitas, como se muestra en la figura 3.10. Pulsa Intro o ↵ para finalizar la edición.

 Puedes acceder directamente a la lista desplegable de valores introducidos anteriormente con el atajo de teclado Alt + ↓ .

Efectivo que he gastado

Fecha	Descripción	Importe	Cuenta
12/01/2017	Gasolina	38,47	Tarjeta Carrefour
12/01/2017	Hipoteca	875,66	Santander
13/01/2017	Tenis niños	40,00	Bankia
14/01/2017	Recibo comunidad	124,00	Santander
14/01/2017	Meriendas	12,00	Efectivo
15/01/2017	Multas	200,00	Santander
12/02/2017	Recibo comunidad		

Figura 3.8: Ejemplo de autocompletar una entrada de datos

Según vayas introduciendo los gastos, verás que toda la hoja se va actualizando:

- Los valores de la tabla **Resumen de efectivo** reflejan el total de gastos y el saldo de cada cuenta.

- El gráfico de barra de la izquierda se actualiza para reflejar el porcentaje de saldo que te queda respecto al inicial.

- Los paneles de la derecha se van llenando con los nombres de cuenta y con la descripción de los gastos que has introducido. La utilidad de estos paneles se explica más adelante..

En este momento, tu hoja de gastos debería presentar un aspecto similar al que se muestra en la figura 3.11.

 Procura no dejar líneas en blanco o rellenas a medias, pues luego eso generará errores a la hora de totalizar los datos y resumirlos para analizarlos.

Efectivo que he gastado

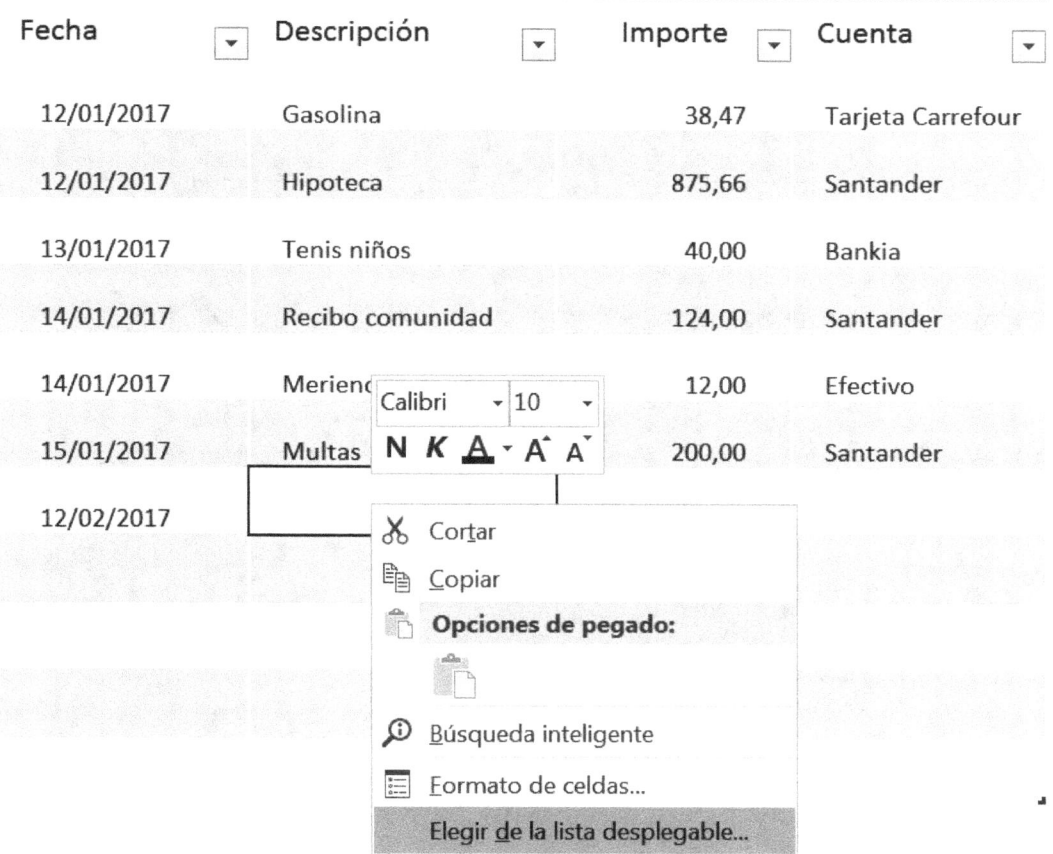

Fecha	Descripción	Importe	Cuenta
12/01/2017	Gasolina	38,47	Tarjeta Carrefour
12/01/2017	Hipoteca	875,66	Santander
13/01/2017	Tenis niños	40,00	Bankia
14/01/2017	Recibo comunidad	124,00	Santander
14/01/2017	Merien...	12,00	Efectivo
15/01/2017	Multas	200,00	Santander
12/02/2017			

Calibri 10
N K A · A´ A˅

- Cortar
- Copiar
- **Opciones de pegado:**
- Búsqueda inteligente
- Formato de celdas...
- Elegir de la lista desplegable...

Figura 3.9: Como obtener la lista desplegable para entrada de datos

 Cuando introduzcas los gastos, no importa que las fechas no sean consecutivas, ya que esto no afecta a los cálculos. Siempre puedes reordenar las filas por fechas.

 Puedes definir los gastos por categorías si construyes adecuadamente la descripción: primero escribe la categoría y luego el tipo de gasto.

Por ejemplo, *"Facturas - Colegio"* y *"Facturas - Electrodomésticos"*, o *"Vacaciones - Alojamiento"* y *"Vacaciones - Transporte"*. Esto te permitirá agrupar los datos a la hora de realizar resúmenes, y conocer cuánto has gastado en *Vacaciones* o en *Facturas*.

Efectivo que he gastado

Fecha	Descripción	Importe	Cuenta
12/01/2017	Gasolina	38,47	Tarjeta Carrefour
12/01/2017	Hipoteca	875,66	Santander
13/01/2017	Tenis niños	40,00	Bankia
14/01/2017	Recibo comunidad	124,00	Santander
14/01/2017	Meriendas	12,00	Efectivo
15/01/2017	Multas	200,00	Santander
12/02/2017			

Gasolina
Hipoteca
Meriendas
Multas
Recibo comunidad
Tenis niños

Figura 3.10: Ejemplo de selección de descripciones de la lista desplegable

Si te has fijado en la tabla **Efectivo que he gastado**, cada etiqueta de columna tiene en su lado derecho un pequeño control de lista desplegable (el que tiene un pequeño triángulo negro invertido ▼). Si pulsas ese botón en la columna **Fecha**, aparecerá un menú de ordenar y filtrar como el de la figura 3.12.

Nos centramos en las opciones de ordenar los datos. Son los que aparecen en la parte superior del menú.

Utiliza cualquiera de los dos primeros comandos sobre la columna **Fecha**:

- **Ordenar de más antiguo a más reciente**: la primera fila es el más antiguo.
- **Ordenar de más reciente a más antiguo**: la primera fila es el más reciente.

Ordena los contenidos de la tabla por fecha, en el orden que más te guste o te resulte más cómodo.

 Si necesitas añadir más líneas a la tabla para seguir introduciendo gastos, sigue el mismo procedimiento de la tabla **Resumen de efectivo** (ver sección 3.2.1).

Por último, puede que te interese añadir información adicional para explicar con más detalle algún aspecto de un gasto registrado. Por ejemplo, si has realizado una amortización anticipada de la hipoteca, puedes

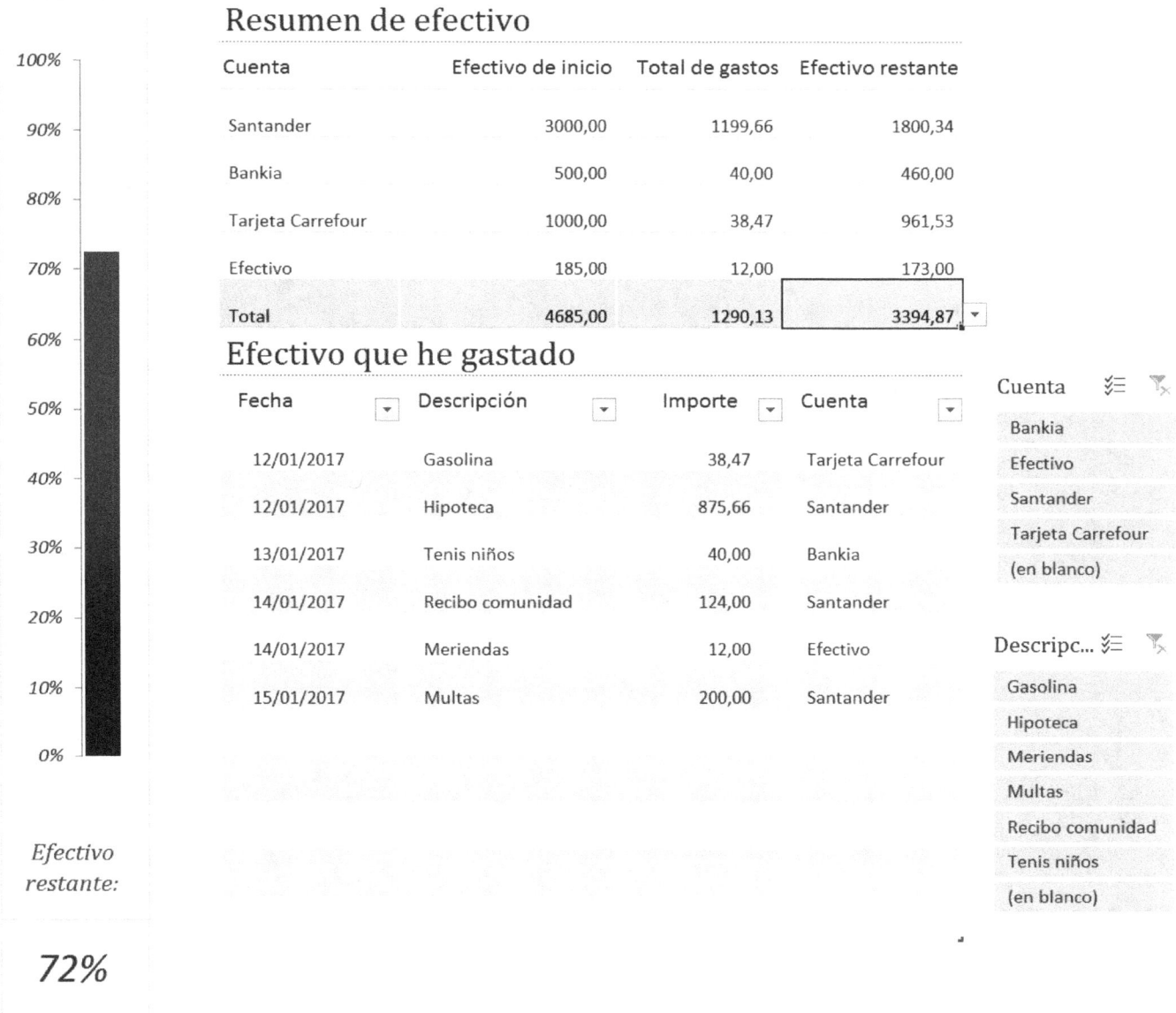

Figura 3.11: Ejemplo de pantalla de introducción de gastos

añadir una nota indicando este hecho, pero manteniendo la descripción *Hipoteca*. Para ello has de utilizar la herramienta **Comentario**:

- Selecciona la celda a la que quieres añadir una nota o comentario

- Accede al comando con **Boton derecho...** ⟩ Insertar comentario

- En el cuadro amarillo que aparece escribe la información que quieres añadir como nota

- Selecciona otra celda para cerrar el comentario

Las celdas que presentan comentarios tienen su esquina superior derecha en color naranja, como se observa en la figura 3.13

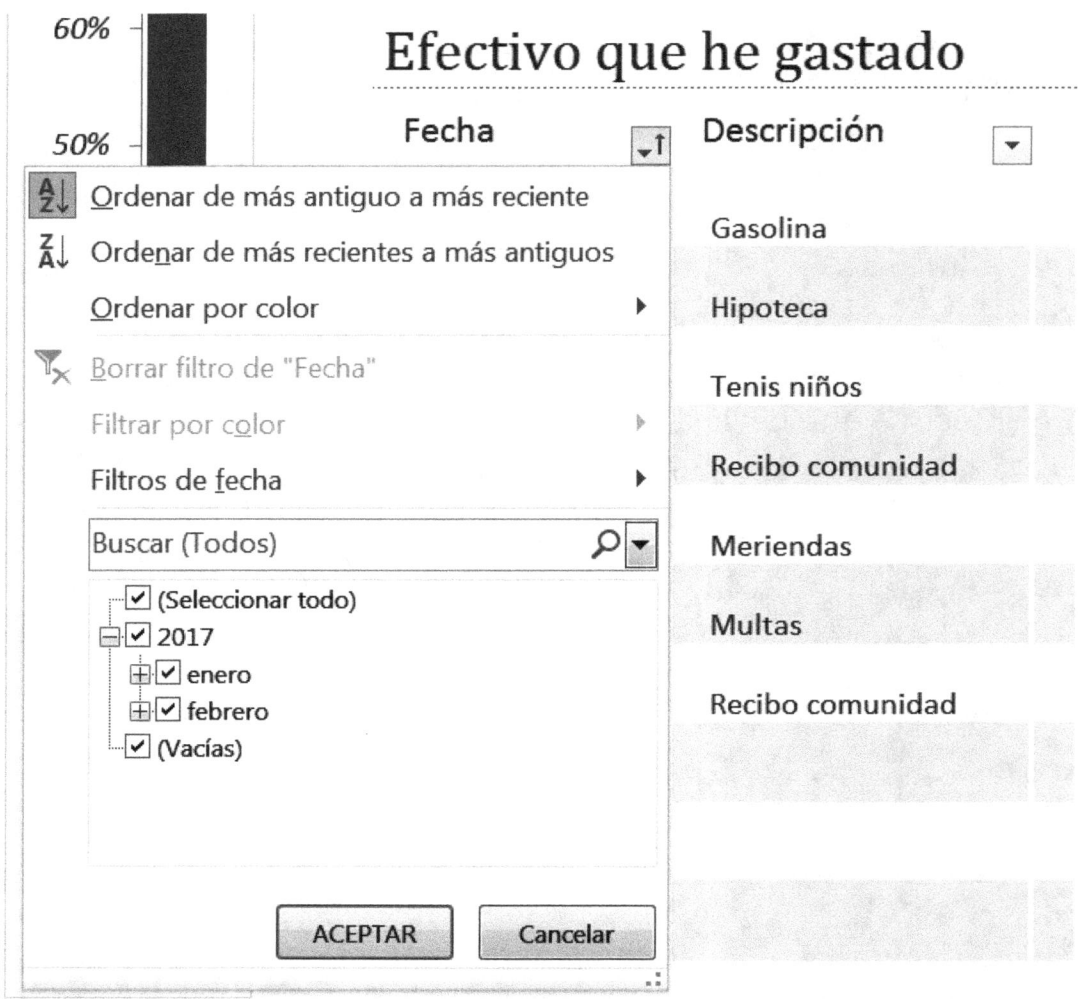

Figura 3.12: Menú de ordenar y filtrar de una columna de una tabla

 Para mostrar un comentario, solo tienes que poner el cursor del ratón encima de la celda.

Para borrar un comentario, selecciona la celda y ejecuta el comando **Boton derecho...** 》 Borrar comentario

3.3.1   No todo van a ser gastos. ¿Qué pasa con los ingresos?

La plantilla propuesta solo estaba pensada para llevar los gastos diarios, pero también puedes controlar los ingresos.

Para ello, solo tienes que introducir el ingreso como lo haces normalmente para los gastos, pero con una pequeña salvedad: **hay que introducir el importe como un número negativo**. Esto es porque estamos

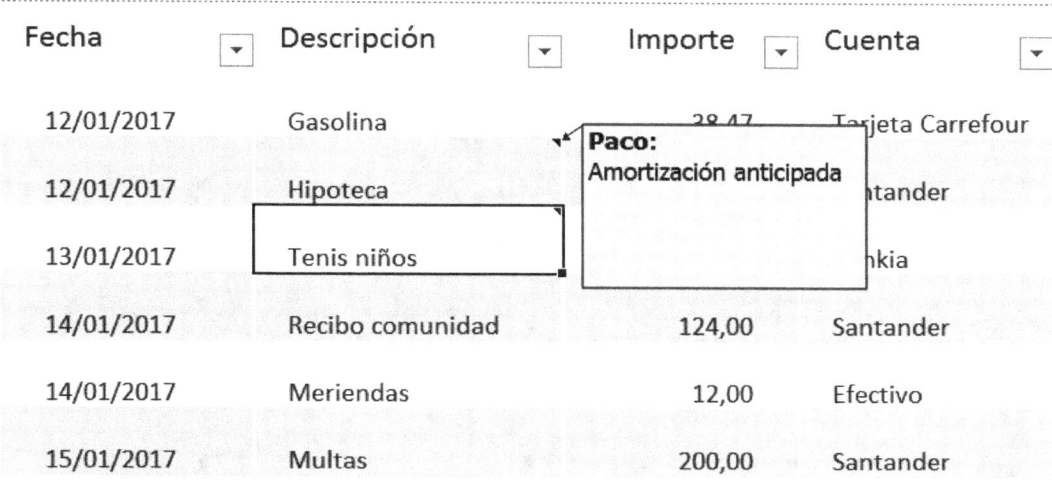

Efectivo que he gastado

Fecha	Descripción	Importe	Cuenta
12/01/2017	Gasolina	38,47	Tarjeta Carrefour
12/01/2017	Hipoteca		...tander
13/01/2017	Tenis niños		...kia
14/01/2017	Recibo comunidad	124,00	Santander
14/01/2017	Meriendas	12,00	Efectivo
15/01/2017	Multas	200,00	Santander

Paco:
Amortización anticipada

Figura 3.13: Ejemplo de comentario asociado a una celda

sumando valores desde el punto de vista de los gastos, por lo que un ingreso significa restar a los gastos en el saldo final.

 Para introducir un valor negativo en el importe, teclea el carácter '−' delante del número que vayas a introducir como importe del ingreso. En la tabla **Efectivo que he gastado**, los valores negativos en la columna **Importe** se representan cambiando el color de la fuente a rojo, por lo que son muy fáciles de identificar, como puedes observar en la figura 3.14.

En el ejemplo mostrado, el valor de los ingresos es mayor que el de los gastos, por lo que el saldo final es superior al inicial.

Si te fijas en el gráfico de la izquierda de la hoja (figura 3.14), el que representa el porcentaje de saldo inicial, puedes ver que indica que has superado el saldo inicial, ya que el porcentaje del efectivo restante es superior al 100 %. Pero la escala del gráfico solo llega hasta el 100 %. ¿Cómo puedes arreglar esto?

Para modificar la escala del gráfico, haz doble click sobre él para entrar en modo de edición. A continuación, haz click sobre las etiquetas del eje (las que van de 0 % a 100 %). Te aparecerá un cuadro de configuración con el nombre de *Dar formato al eje* como el mostrado en la figura 3.15.

Selecciona el grupo de opciones representado por un grupo de barras verticales. Despliega el subgrupo *Dar formato al eje* ⟩ Opciones del eje ⟩ Opciones del eje, y modifica el **Límite Máximo**. Escribe 1,5 o 2,0 en la casilla **Máximo**. Verás que la escala del gráfico se modifica hasta alcanzar el 150 % o el 200 % en función del valor que hayas introducido, como puedes ver en la figura 3.16. En este caso, el valor máximo del eje se ha puesto a un valor de 2,0, por lo que la escala llegas hasta el 200 %.

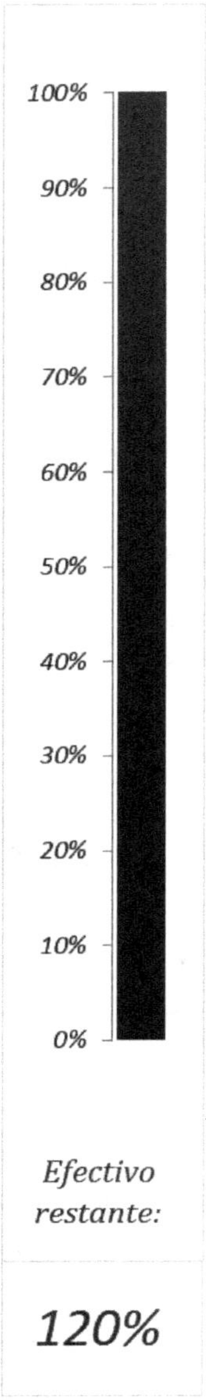

Resumen de efectivo

Cuenta	Efectivo de inicio	Total de gastos	Efectivo restante
Santander	3000,00	(1044,59)	4044,59
Bankia	500,00	40,00	460,00
Tarjeta Carrefour	1000,00	38,47	961,53
Efectivo	185,00	12,00	173,00
Total	4685,00	(954,12)	5639,12

Efectivo que he gastado

Fecha	Descripción	Importe	Cuenta
12/01/2017	Gasolina	38,47	Tarjeta Carrefour
12/01/2017	Hipoteca	875,66	Santander
13/01/2017	Tenis niños	40,00	Bankia
14/01/2017	Recibo comunidad	124,00	Santander
14/01/2017	Meriendas	12,00	Efectivo
15/01/2017	Multas	200,00	Santander
12/02/2017	Recibo comunidad	124,00	Santander
28/02/2017	Nómina mensual	-2.368,25	Santander

100%
90%
80%
70%
60%
50%
40%
30%
20%
10%
0%

Efectivo restante:

120%

Figura 3.14: Ejemplo de entrada de un ingreso de dinero

Ahora puedes visualizar no solo cuanto te has gastado desde el saldo inicial, sino también cuanto has ahorrado.

También puedes modificar el límite inferior con la opción **Mínimo**. Puedes incluso introducir un número negativo, pero entrar en esa zona significaría que no te queda nada de dinero.

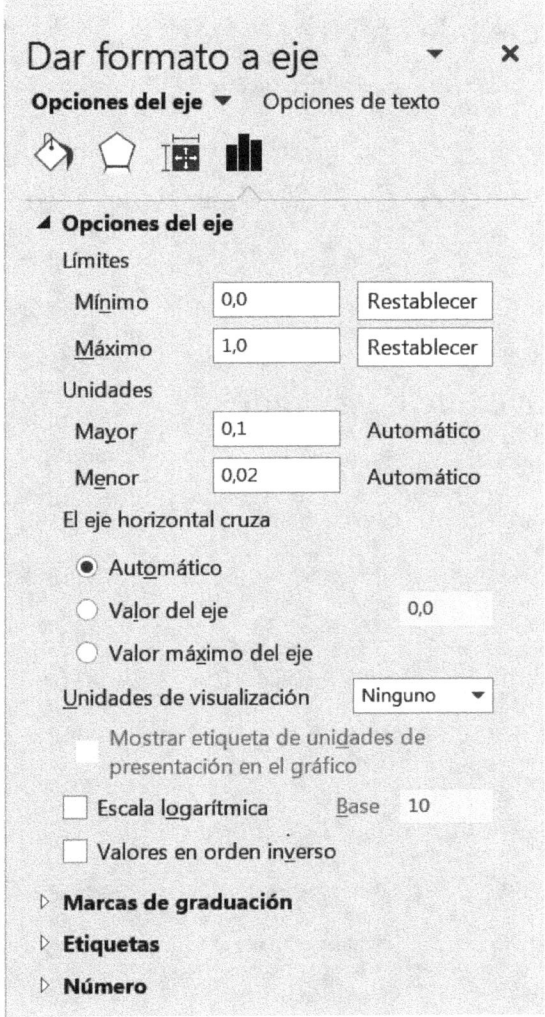

Figura 3.15: Panel de opciones del eje del gráfico

 Guarda el libro con el comando **Archivo** ⟩ Guardar o el atajo de teclado Ctrl + G .

3.3.2 Cómo mover dinero entre las cuentas

Hasta ahora has aprendido como anotar gastos e ingresos y llevar el control. Pero, ¿cómo reflejo el hecho de sacar dinero del cajero o la liquidación mensual de una tarjeta de crédito? En este caso seguirás el proceso contable de doble entrada: tienes que apuntar un gasto y un ingreso. El gasto en la cuenta que aporta el dinero, y el ingreso en la que lo recibe.

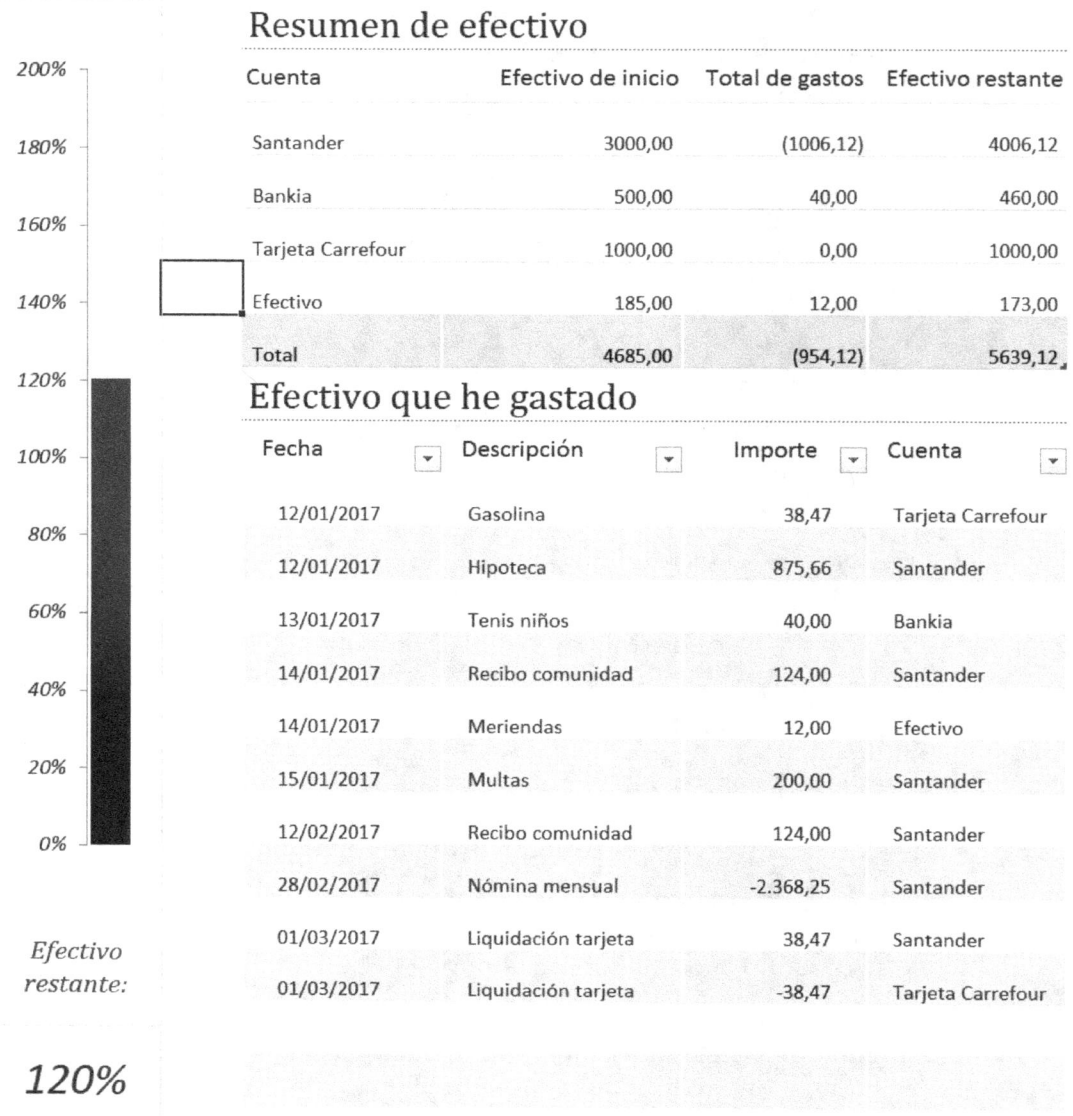

Resumen de efectivo

Cuenta	Efectivo de inicio	Total de gastos	Efectivo restante
Santander	3000,00	(1006,12)	4006,12
Bankia	500,00	40,00	460,00
Tarjeta Carrefour	1000,00	0,00	1000,00
Efectivo	185,00	12,00	173,00
Total	4685,00	(954,12)	5639,12

Efectivo que he gastado

Fecha	Descripción	Importe	Cuenta
12/01/2017	Gasolina	38,47	Tarjeta Carrefour
12/01/2017	Hipoteca	875,66	Santander
13/01/2017	Tenis niños	40,00	Bankia
14/01/2017	Recibo comunidad	124,00	Santander
14/01/2017	Meriendas	12,00	Efectivo
15/01/2017	Multas	200,00	Santander
12/02/2017	Recibo comunidad	124,00	Santander
28/02/2017	Nómina mensual	-2.368,25	Santander
01/03/2017	Liquidación tarjeta	38,47	Santander
01/03/2017	Liquidación tarjeta	-38,47	Tarjeta Carrefour

Efectivo restante:

120%

Figura 3.16: Ejemplo de entrada de un ingreso de dinero

Por ejemplo, para liquidar el saldo mensual de una tarjeta de crédito, anota un gasto con el importe de la liquidación en la cuenta bancaria asociada a la tarjeta. A continuación, realiza un ingreso por el mismo importe en la tarjeta. El saldo neto seguirá igual, pero los saldos de la cuenta asociada y de la tarjeta se habrán actualizado a la situación actual. Puedes ver un ejemplo de esto en la figura 3.17.

Como puedes ver en la figura 3.17, se ha liquidado el saldo de la Tarjeta Carrefour el día 01/03/2017. Se ha registrado un gasto contra la cuenta bancaria por el importe de la liquidación del saldo, y un ingreso en la tarjeta por el mismo importe. Recuerda, los ingresos aparecerán marcados en rojo. Si observas la tabla **Resumen de efectivo**, verás que la celda de **Total de gastos** de la **Tarjeta Carrefour** se ha quedado a cero; el saldo de la cuenta **Santander** ha disminuido; y el saldo total no se ha modificado.

Resumen de efectivo

Cuenta	Efectivo de inicio	Total de gastos	Efectivo restante
Santander	3000,00	(1006,12)	4006,12
Bankia	500,00	40,00	460,00
Tarjeta Carrefour	1000,00	0,00	1000,00
Efectivo	185,00	12,00	173,00
Total	4685,00	(954,12)	5639,12

Efectivo que he gastado

Fecha	Descripción	Importe	Cuenta
12/01/2017	Gasolina	38,47	Tarjeta Carrefour
12/01/2017	Hipoteca	875,66	Santander
13/01/2017	Tenis niños	40,00	Bankia
14/01/2017	Recibo comunidad	124,00	Santander
14/01/2017	Meriendas	12,00	Efectivo
15/01/2017	Multas	200,00	Santander
12/02/2017	Recibo comunidad	124,00	Santander
28/02/2017	Nemina mensual	-2.368,25	Santander
01/03/2017	Liquidación tarjeta	38,47	Santander
01/03/2017	Liquidación tarjeta	-38,47	Tarjeta Carrefour

Figura 3.17: Ejemplo de transferencia de saldos entre cuentas

Este mismo principio lo debes aplicar cuando saques dinero del cajero automático o mediante cheque o cartilla en ventanilla. Tienes que transferir el importe retirado desde la cuenta del banco a la cuenta de efectivo. Y por supuesto, seguir anotando los gastos realizados en efectivo.

3.3.3   Tengo una tabla de gastos muy grande. ¿Cómo la hago manejable?

Según transcurra el tiempo, irás añadiendo filas de gastos e ingresos a la tabla **Efectivo que he gastado**, con lo que cada vez será más grande y tendrás que ir desplazando la pantalla para llegar al final de la tabla. Eso significa que estás controlando tus gastos diarios y que vas a poder empezar a gestionarlos.

Para mejorar la visualización y la entrada de datos, puedes utilizar las funciones de **filtro** que ofrece Excel para acotar los datos visualizados de una forma *rápida y sencilla*.

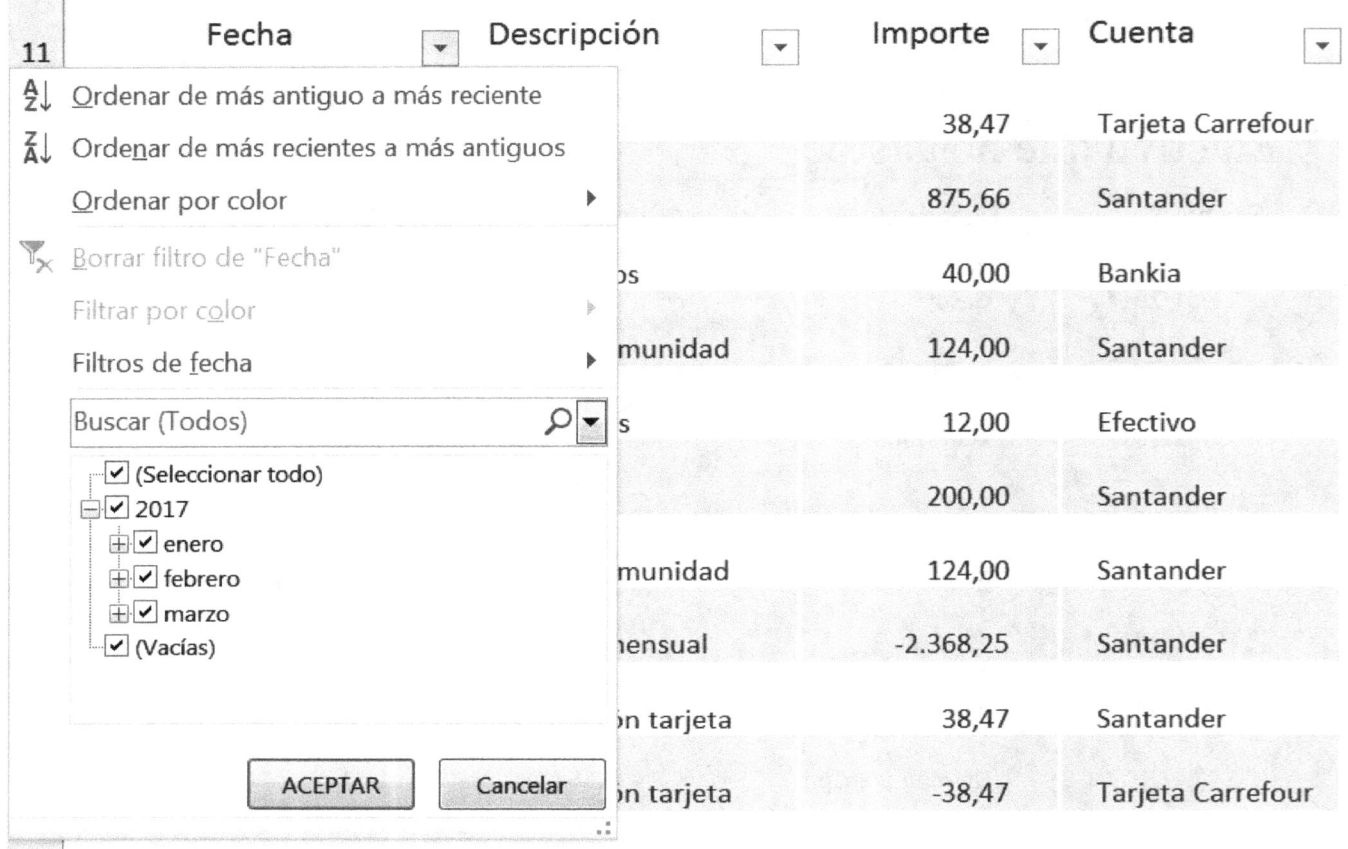

Figura 3.18: Comandos de ordenación y filtrado de las columnas de una tabla

Como puedes ver en la figura 3.18, en la mitad inferior del menú aparecen opciones de **Filtros por fecha**. Para probar como funciona, quítale la marca de selección a las casillas de 'enero' de 2017, y la marcada como '**(Vacías)**'. La tabla solo mostrará las filas cuyas fechas sean del mes de **febrero** y **marzo** de 2017, como puedes observar en la figura 3.19. Como verás, la tabla se ha modificado, mostrando menos filas. Aunque no puedas verlos ahora, los datos de gastos e ingresos que has introducido siguen estando ahí.

Observa varios aspectos de la hoja que se han modificado al aplicar el filtro indicado:

- la tabla muestra menos filas. Si te fijas en el indicador del número de filas, el color ha cambiado del **negro al azul**. Esto indica que hay filas ocultas en la hoja, dentro del rango de esas filas.

Cuenta	Efectivo de inicio	Total de gastos	Efectivo restante
Santander	3000,00	(1006,12)	4006,12
Bankia	500,00	40,00	460,00
Tarjeta Carrefour	1000,00	0,00	1000,00
Efectivo	185,00	12,00	173,00
Total	4685,00	(954,12)	5639,12

Efectivo que he gastado

Fecha	Descripción	Importe	Cuenta
12/02/2017	Recibo comunidad	124,00	Santander
28/02/2017	Nómina mensual	-2.368,25	Santander
01/03/2017	Liquidación tarjeta	38,47	Santander
01/03/2017	Liquidación tarjeta	-38,47	Tarjeta Carrefour

Figura 3.19: Ejemplo de gastos filtrados por fechas

- El icono de la cabecera de la columna **Fecha** muestra ahora como un 'embudo'. Eso significa que se está aplicando un filtro a la columna.

- Los valores de la tabla **Resumen de efectivo** no se han modificado, ya que siguen estando todas als filas aunque estén ocultas.

 Para quitar el filtro, solo tienes que pulsar sobre el icono de menús de la columna (el que tiene un 'embudo'), y seleccionar el comando **Borrar filtro**, como se muestra en la figura 3.20. Volverán a aparecer todas las filas de la tabla **Efectivo que he gastado**.

También puedes modificar directamente el filtro, seleccionando otros rangos de fecha, ya sean por meses o por años, para mostrar otras filas de gastos e ingresos, sin tener que borrar el filtro anterior.

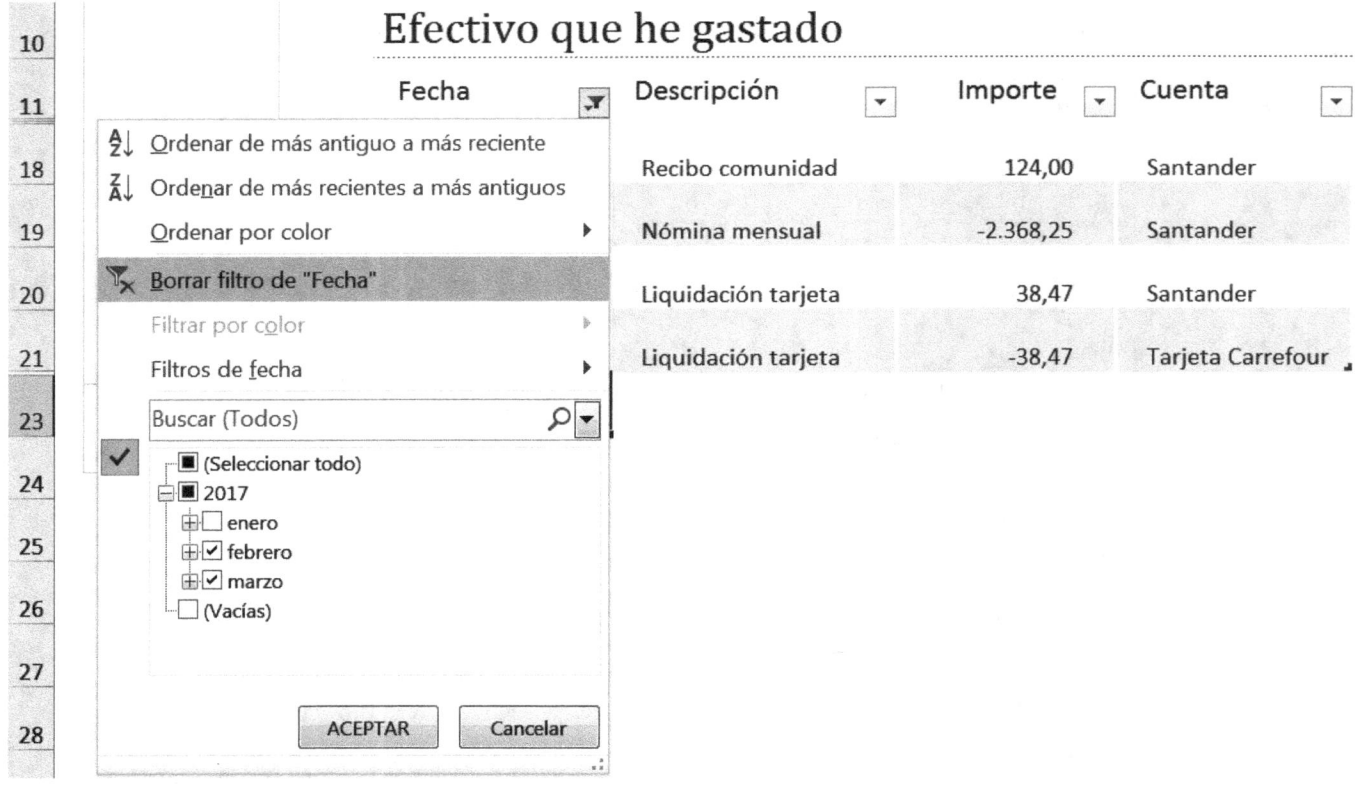

Figura 3.20: Quitar filtro de una columna

 Para facilitarte la entrada de los gastos día a día, puedes establecer un filtro en la columna **Fecha** para que muestre solo las filas correspondientes al mes actual. Con ello disminuyes el tamaño de visualización de la tabla y se hace más manejable.

3.4 Comienza a analizar tus gastos e ingresos

Cuando lleves un periodo de tiempo incorporando datos a tu hoja de gastos, puedes convertir esos valores en información útil.

Esta sección te proporciona información para elaborar un presupuesto y como realizar el seguimiento de éste usando la información de la hoja de Control de Gastos que ahora manejas.

3.4.1 Añadir fila de totales a la tabla de Gastos

La tabla **Resumen de efectivo** presenta una fila en su parte inferior en la que se muestran los totales de las columnas, más concretamente, la suma de los valores de la columna. Añade la fila de totales a la tabla **Efectivo que he gastado** para ayudarte a extraer información de los datos introducidos:

- Pincha en una celda de la tabla **Efectivo que he gastado**

- En la **Cinta de Opciones** ve al comando
  | Herramientas de Tabla ⟩ Diseño ⟩ Opciones de estilo de tabla |.
  Aparecen una serie de opciones que se pueden activar o desactivar.

- Activa la opción | **Herramientas de tabla** ⟩ Diseño ⟩ ... |
  | ... ⟩ Opciones de estilo de tabla ⟩ Fila de totales |. Asegúrate que tiene el símbolo "✓" puesto.

Una vez activada la opción
| **Herramientas de tabla** ⟩ Diseño ⟩ Opciones de estilo de tabla ⟩ Fila de totales |, aparecerá esta en la parte inferior de la tabla, como se muestra en la figura 3.21.

Efectivo que he gastado

Fecha	Descripción	Importe	Cuenta
12/01/2017	Gasolina	38,47	Tarjeta Carrefour
12/01/2017	Hipoteca	875,66	Santander
13/01/2017	Tenis niños	40,00	Bankia
14/01/2017	Recibo comunidad	124,00	Santander
14/01/2017	Meriendas	12,00	Efectivo
15/01/2017	Multas	200,00	Santander
12/02/2017	Recibo comunidad	124,00	Santander
28/02/2017	Nómina mensual	-2.368,25	Santander
01/03/2017	Liquidación tarjeta	38,47	Santander
01/03/2017	Liquidación tarjeta	-38,47	Tarjeta Carrefour
Total		-954,12	

Figura 3.21: Tabla **Efectivo que he gastado** con la fila de totales activada

Quizá el formato de las celdas de totales no termina de gustarte. Por ejemplo, quieres quitarle el tachado y ponerle una fuente más grande. Nada más fácil:

- Selecciona todas las celdas de la fila de totales de la tabla **Efectivo que he gastado**.

- Ejecuta cualquiera de estos dos comandos:
  - | **Inicio** ⟩ Celdas ⟩ Formato ⟩ Formato de celdas... |

- **Botón derecho** ≫ Formato de celdas...

■ En el cuadro de diálogo de aparece, selecciona la pestaña **Fuente**, como se muestra en la figura 3.22.

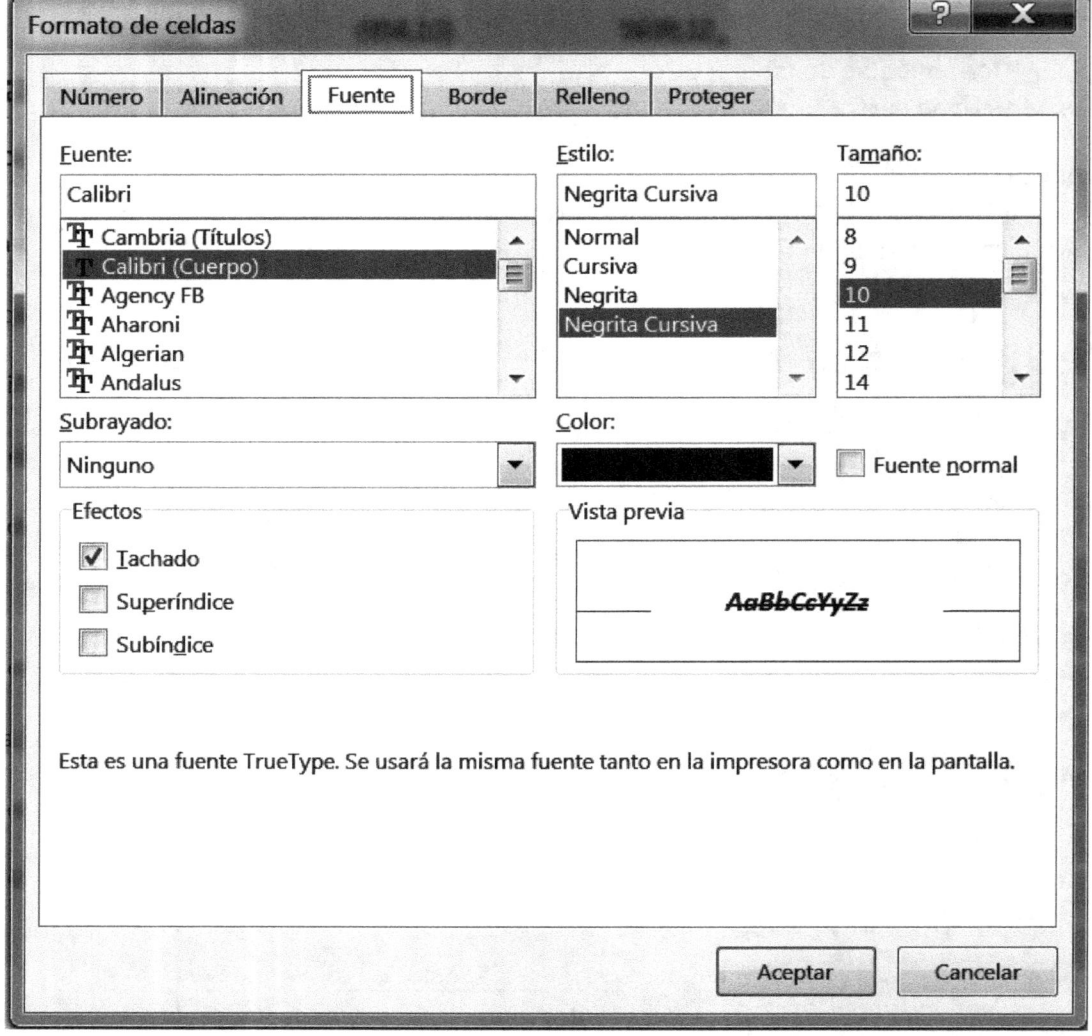

Figura 3.22: Tabla **Efectivo que he gastado** con la fila de totales activada

■ Quita la marca de selección "✓" al efecto **Tachado** y elige un tamaño de fuente de 12. Deja todo los demás como está.

■ Pulsa Aceptar. Las celda de totales presentarán el nuevo formato.

 En este ejemplo has modificado algunos aspectos de la fuente de las celdas seleccionadas. Siguiendo el mismo procedimiento, puedes modificar otros aspectos de la fuente como la familia y el estilo, el color de fondo de las celdas o los bordes de esta.

Cuando quieras ocultar la fila de totales, solo tienes que ir a
Herramientas de tabla 》 Diseño 》 Opciones de estilo de tabla 》 Fila de totales y quitarle la marca "√" de activación.

3.4.2 ¿Cuanto he gastado el mes pasado? ¿Y en este año?

Una característica de la fila de totales es que muestra los datos agregados de las columnas, pero solo de las filas que son visibles. Esta propiedad nos va a ser muy útil para extraer información de las filas que aparecen después de aplicar un filtro.

En la sección 3.3.3 se usó un filtro de fecha para acotar el tamaño de la tabla **Efectivo que he gastado** a la hora de facilitar la entrada de datos cuando la tabla empieza a ser muy grande. El uso de filtros junto con las funciones de agregación de datos te van a dar información diferente para la gestión de datos.

Por ejemplo, para contestar a la pregunta *¿Cuanto he gastado el mes pasado?* puedo seguir el mismo procedimiento que en la sección 3.3.3: seleccionar de la lista los meses que quieres mostrar. O de otra manera más fácil y rápida.

Pulsa en el botón de filtro ▼ de la columna **Fecha** para abrir el panel. Selecciona la opción del menú
Filtros de fecha ▸ para desplegar el submenú que aparece en la figura 3.23.

Hay muchas opciones de filtrado predefinidas. Para ver solo las entradas del mes pasado, selecciona
Fecha ▼ 》 Filtros de fecha ▸ 》 Mes pasado . La tabla mostrará solo las filas cuya fecha corresponda al mes pasado. La fila de totales también se actualiza, mostrando la suma de los valores visibles de la columna **Importe**.

Puedes verificar que la suma corresponde con los valores mostrados: puedes pensar en hacer la verificación a mano sumando tú los valores, pero voy a aprovechar para enseñarte otra herramienta muy útil de Excel: **valores agregados en la barra de estado**.

- Selecciona todas las celdas de la columna **Importe** excepto el título de la columna y la fila de totales. Estos son los datos que se están agregando en la fila de totales.

- Observa la barra de estado (es la barra gris que ocupa toda la parte inferior de la ventana de Excel, por debajo de las pestaña). Al seleccionar las celdas, aparecen una serie de valores: **Promedio**, **Recuento** y **Suma**.

- Estos valores se calculan a partir de las celdas que tienes seleccionadas.

- El valor de **Suma** se corresponde con el valor de la fila de totales de la columna **Importe**, ya que has seleccionado todas las filas visibles de esa columna.

- El valor **Recuento**, te muestra cuantas celdas has seleccionado

- El valor **Promedio**, te muestra el valor medio de las celdas, es decir, **Suma** dividido por **Recuento**.

También puedes mostrar datos agregados adicionales. Para activarlos, tienes que colocar el ratón sobre la barra de estado y activar su menú de configuración pulsando el botón derecho del ratón. Puedes activar los siguientes cálculos adicionales:

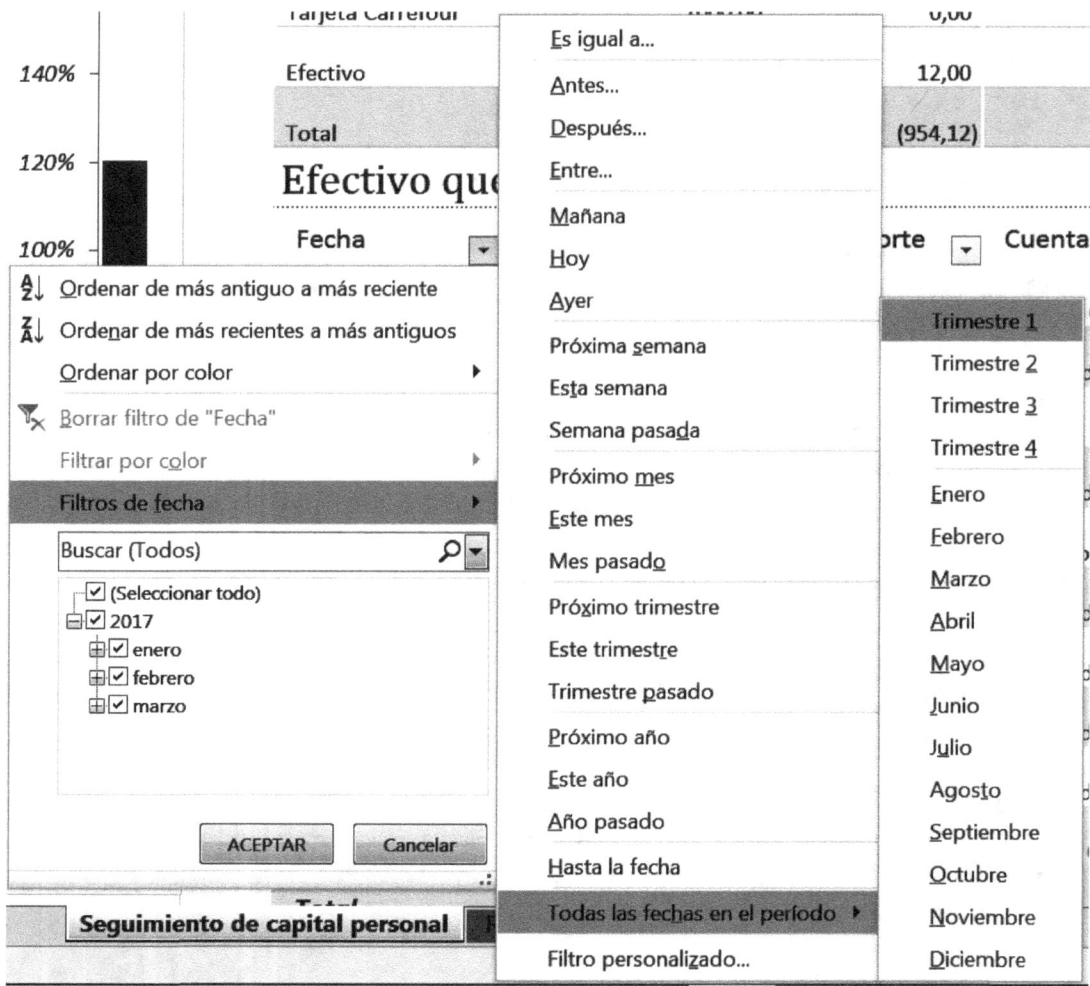

Figura 3.23: Menú de Filtros de Fecha

- **Recuento numérico**: muestra el total de celdas seleccionadas que contienen un número.

- **Mínima**: muestra el valor mínimo de las celdas seleccionadas.

- **Máxima**: Muestra el valor máximo.

 Esta utilidad de la barra de herramientas funciona con cualquier rango de celdas, ya sean de una hoja, una tabla o una tabla dinámica. Te permitirá realizar cálculos rápidos sobre un conjunto de celdas sin necesidad de escribir una fórmula, solo con seleccionarlas. No es necesario que las celdas seleccionadas sean contiguas.

Volviendo a la tabla **Efectivo que he gastado**, ya has comprobado que la fila de totales muestra la suma de la columna **Importe**. Excel también te permite modificar la fórmula de este valor calculado:

- Pincha en la celda de total de la columna **Importe**.

Fecha		Descripción		Importe		Cuenta	
12/01/2017		Gasolina		38,47		Tarjeta Carrefour	
12/01/2017		Hipoteca		875,66		Santander	
13/01/2017		Tenis niños		40,00		Bankia	
14/01/2017		Recibo comunidad		124,00		Santander	
14/01/2017		Meriendas		12,00		Efectivo	
15/01/2017		Multas		200,00		Santander	
Total				**1.290,13**			

Seguimiento de capital personal | Resumen mensual | Datos d ...

Listo   Modo Filtrar   Promedio: 215,02   Recuento: 6   Suma: 1.290,13   100 %

Figura 3.24: Barra de estado mostrando valores agregados de las celdas seleccionadas

- Aparece un botón de lista desplegable [▼] al lado de la celda.

- Pincha en el botón [▼] de la celda y se mostrará un menú para seleccionar la función de agregación que quieres aplicar a esa columna: Suma, Promedio, Recuento, etc.

- La opción **Ninguno** no realizará ningún cálculo, y dejará la celda en blanco.

 Prueba a modificar la fila de totales para que el total de la columna **Descripción** muestre el total de filas visibles.

3.4.3   Filtrar gastos con la segmentación de datos

En la hoja **Seguimiento de capital personal** aparecían unos paneles a la derecha de la tabla **Efectivo que he gastado**. Se tratan de un objeto de Excel denominado *Segmentación de Datos*, y sirven para filtrar los datos de la tabla de manera interactiva.

 Cada panel de segmentación de datos está asociado a una columna de la tabla. Cuando se crean se asignan a una columna.

Para crear un nuevo panel de *Segmentación de datos*, pincha en una celda de la tabla **Efectivo que he gastado** y ejecuta el comando:

Herramientas de tabla ⟩ Diseño ⟩ Herramientas ⟩ ...
... ⟩ Insertar segmentación de Datos

Aparecerá un cuadro de diálogo solicitando que indiques sobre los campos de la tabla a los que se va a aplicar la segmentación. Prueba a marcar **Fecha**. Aparecerá un nuevo panel para filtrar por fecha, como se muestra en la figura 3.25.

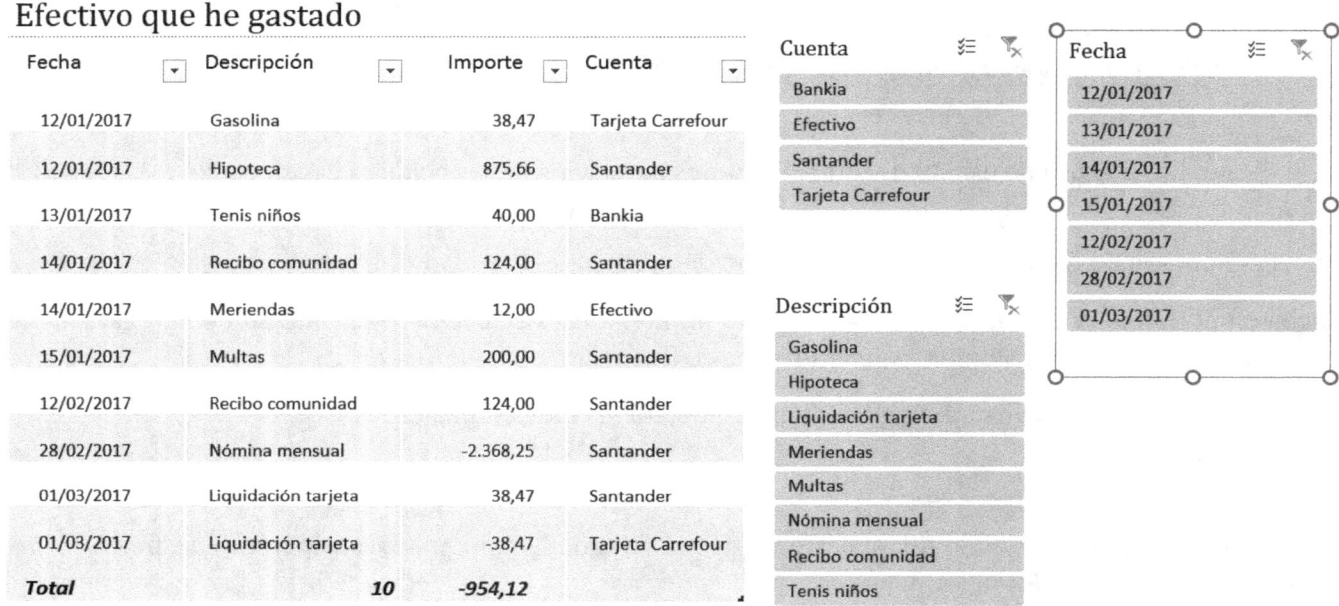

Figura 3.25: Panel de segmentación de datos para fecha

Puedes modificar la posición del panel pinchando sobre él y arrastrándolo sin dejar de pulsar el botón del ratón. También puedes modificar su tamaño, seleccionándolo y arrastrando los controladores de tamaño de su borde: son los pequeños círculos en las esquinas y laterales, tal y cómo has podido observar en la figura 3.25.

Para eliminar un panel de segmentación de datos, solo tienes que seleccionarlo y ejecutar el comando **Botón derecho** ⟩ Quitar "nombre de la columna".

Prueba a quitar el panel de segmentación de datos de la columna **Fecha**. Lo podemos volver a crear.

Ahora que te has quedado con los paneles originales, vamos a ver cómo funcionan. Pero antes de empezar, quita todos los filtros que tengas aplicados sobre la tabla **Efectivo que he gastado**.

Prueba a pulsar sobre uno de los botones de el panel de **Descripción**, como por ejemplo, *Gasolina*. Se filtrarán la filas de la tabla de manera que solo mostrará las filas que contienen la palabra **Gasolina** en la columna **Descripción**, como se muestra en la figura 3.26.

Figura 3.26: Filtrado por segmentación de datos de la columna **Descripción**

Puedes observar que la linea de totales se ha recalculado en base a las filas mostradas. Ahora tienes información de cuánta gasolina has gastado desde que empezaste a registrar tus gastos. Y también las cuentas en las que has repercutido ese gasto.

También se ha modificado el aspecto del panel. Los botones que han quedado en azul son los valores que se están mostrando en la tabla. Los botones que están difuminados en gris indican que están ocultos.

Ahora acota más el filtrado, intentando ver cuánto te has gastado en gasolina usando una determinada cuenta. En este ejemplo hemos usado la tarjeta Carrefour. Pulsa sobre el botón Tarjeta Carrefour del panel de segmentación de datos **Cuenta**. Observa el resultado en la figura 3.27.

Figura 3.27: Gastos filtrando por dos columnas

En este caso hemos acotado acotado la visualización de datos filtrando por dos columnas, pero podemos aplicar un filtro a todas las columnas. El resultado de filas mostradas es la combinación de todos los filtros.

También puedes aplicar más de un criterio de filtrado a una columna: por ejemplo, mostrar cuanta gasolina, multas y facturas de talleres hay registradas, para hacerte una idea de cuanto gastas en el vehículo. Para hacer la selección múltiple:

- Activa el modo *Selección múltiple* del panel pulsando el botón con apariencia de lista que está a la izquierda del icono del embudo.

- Una vez activado este modo, ve pulsando sobre los botones del panel cuyos datos que quieres que aparezcan. Los valores que se van mostrando van quedando indicados en azul.

- Una vez que hayas terminado, desactiva el modo *Selección múltiple* pulsando de nuevo sobre su icono.

 Para eliminar el filtro desde el panel de segmentación de datos, solo tienes que pulsar sobre el icono de un embudo con un aspa roja. Se volverán a seleccionar todas las entradas de esa columna.

Otra función de los paneles de segmentación de datos es reflejar el estado de los filtros aplicados desde el botón filtro ▼ de las columnas. El resultado del filtro aplicado usando las opciones de ese botón se reflejaran en los valores activos del panel.

 Prueba a configurar el filtro usando el botón ▼ de la columna, y observa como se modifica la presentación de su correspondiente panel.

3.4.4 Filtros avanzados

Hasta ahora has filtrado los valores de la tabla utilizando filtros muy sencillos: tal celda tiene tal valor. Pero Excel permite elaborar filtros más avanzados.

En la sección 3.4.2 has visto que la columna fecha tenía definidos una serie de filtros predefinidos para periodos de tiempo. En ella has usado el filtro *Mes anterior*. Excel ofrece **autofiltros** predefinidos acordes con los datos que contiene la columna correspondiente:

- Filtros de fecha

- Filtros de texto

- Filtros de número

Si pulsas en los botones de filtro ▼ de las columnas de la tabla **Efectivo que he gastado**, podrás ver que los filtros ofrecidos son distintos:

- Columna **Fecha**: filtros de fecha

- Columnas **Descripción** y **Cuenta**: filtros de texto

- Columna **Importe**: filtros de número

Estos autofiltros te permiten realizar consultas mas avanzadas. supón que quieres conocer cuales son los 10 (o el número que tu pongas) gastos más altos. Puedes realizar una ordenación de la tabla por importes y luego mirar cuales son los 10 primeros, pero seguirías teniendo que sumar los importes a mano o con la herramienta de datos agregados de la barra de estado.

Usando autofiltros, el proceso se simplifica bastante. Vamos a ver como hacerlo:

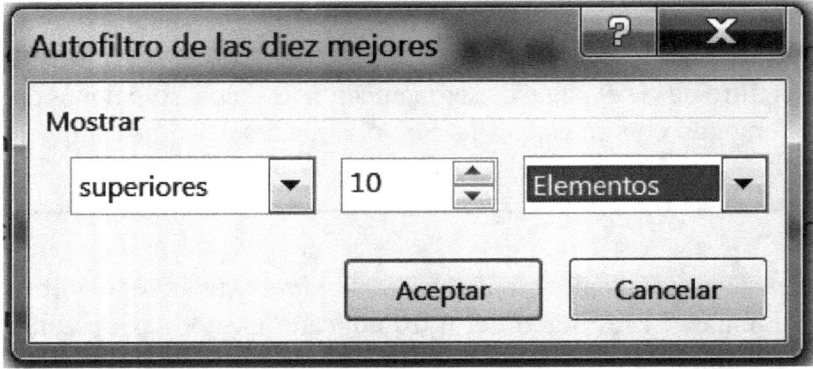

Figura 3.28: Autofiltro para los diez mejores

- En la tabla **Efectivo que he gastado** selecciona
  Importe ▼ ❯ Filtros de número ❯ Diez mejores...

- En en cuadro de diálogo que se abre (figura 3.28) elige:

  (a) superiores

  (b) 10

  (c) Elementos

Esto hará que se muestren los 10 gastos más altos, sin tener que reordenar la tabla. en la fila de totales tendrás la suma de los gastos mostrados.

 Si eliges *inferiores* obtendrás el listado de los gastos con los importes más bajos. Modificando el número, seleccionas cuantos elementos quieres mostrar

Anteriormente en la sección 3.3 hablamos de la conveniencia de etiquetar adecuadamente los conceptos de los gastos y la posibilidad de agruparlos por categorías. El siguiente autofiltro de texto saca partido de esta codificación:

- Borra todos los filtros que tengas aplicados a la tabla **Efectivo que he gastado**.

- Selecciona Descripción ▼ ❯ Filtros de texto ❯ Comienza por...

- En el cuadro de diálogo que se muestra (figura 3.29) escribe, por ejemplo, la palabra *Recibo*.

- Pulsa Aceptar

Se mostrarán los gastos cuya **Descripción** comience por *Recibo*.

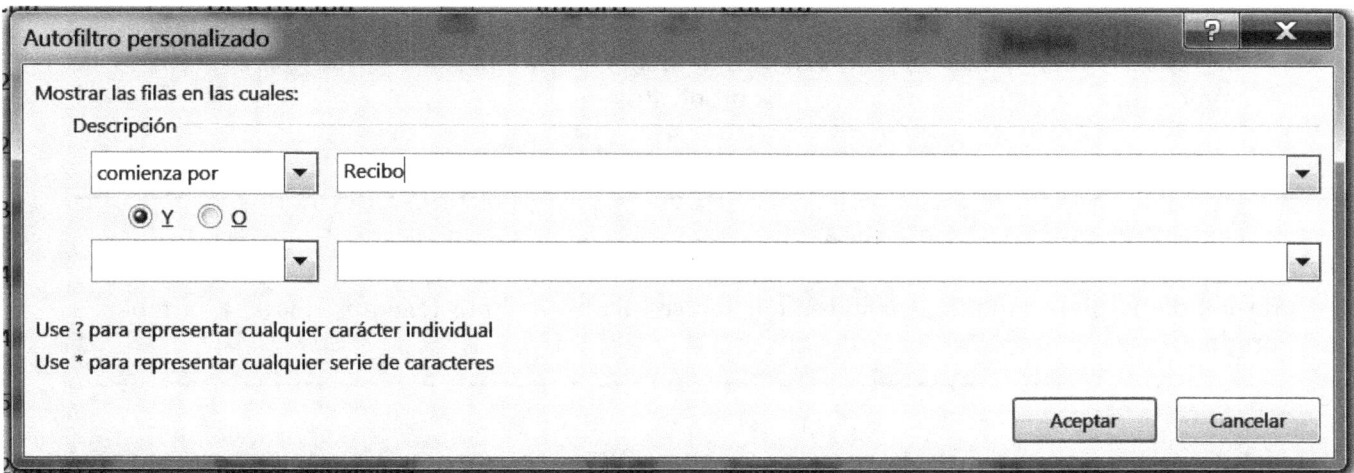

Figura 3.29: Autofiltro para texto *Comienza por...*

Este tipo de filtro permite definir simultáneamente dos condiciones de búsqueda y cómo se relacionan entre ellas:

- **Y**: solo se mostrarán la filas que cumplan las dos condiciones simultáneamente
- **O**: se mostrarán las filas que cumplan cualquiera de las dos condiciones

Explora el resto de los autofiltros para familiarizarte con ellos, tanto los de texto como los de número y fecha.

Al escribir el texto a buscar puedes utilizar los llamados *caracteres comodines*: '**?**' y '*****'. En el cuadro de diálogo del filtro (figura 3.29) hay indicaciones de como usarlos.

3.5 Análisis de gastos avanzado: Tablas dinámicas

Cuando se crean hojas de cálculo en Excel hay que tener en cuenta cuál será su apariencia. Hasta ahora hemos utilizado tablas, que organizan la información en columnas. Hemos modificado el formato de los datos para destacar el contenido de determinadas celdas. Hemos ordenado y filtrado el contenido de las tablas para mostrar los datos que nos interesan. Pero lo que no podemos hacer es modificar fácilmente la organización de los datos. Por ejemplo, que las cuentas aparezcan en columnas y las fechas y los conceptos en filas.

Excel soluciona este problema usando la herramienta **Tablas Dinámicas**. Esta funcionalidad nos va a permitir ordenar, filtrar y reorganizar los datos de forma dinámica para destacar diferentes aspectos o extraer información de forma más relevante a nuestros propósitos.

 Las tablas dinámicas solo sirven para mostrar información agrupada y ordenada de distinta manera a como la tenemos definida en una tabla. No permite la introducción o modificación de los datos. Para modificar o introducir nuevos datos siempre tenemos que ir a la tabla original.

En la plantilla de libro **"Gestor de la economía personal"** que estamos utilizando en este capítulo, la pestaña **Resumen Mensual** tiene definida una tabla dinámica para representar otra agrupación de los gastos introducidos en la tabla **Efectivo que he gastado**. Esta tabla dinámica tiene el título de **Resumen de gastos**, como se ve en la figura

Resumen de gastos

Detalles	Tarjeta Carrefour	Bankia	Efectivo	Total general
⊟ 2017	26,15	79,28	12,00	117,43
⊞ ene	38,47	40,00	12,00	90,47
⊞ feb		39,28		39,28
⊞ mar	-12,32			-12,32
Total general	26,15	79,28	12,00	117,43

| ◂ | Seguimiento de capital personal | Resumen mensual | Datos del gráfico | ⊕ |

Figura 3.30: Tabla Dinámica **Resumen de gastos** en la hoja **Resumen mensual**

 Si pinchas en una celda de la tabla dinámica, verás que aparecen dos nuevas pestañas de herramientas en la **Cinta de opciones**:

Herramientas de tabla dinámica 〉 Analizar

Herramientas de tabla dinámica 〉 Diseño

Como puedes observar en la figura 3.30, la información se presenta en columnas con el nombre de la cuenta bancaria y en filas mostrando el año y los meses.

A la izquierda de los meses y años aparece un símbolo dentro de un cuadrado. Esto significa que los datos están agrupados. El significado de estos símbolos es:

- $\boxed{+}$: El grupo está contraido. Si pulsamos sobre él, el grupo se expande

- $\boxed{-}$: El grupo está expandido. Si pulsamos sobre él, el grupo se contrae

Esta funcionalidad nos permite navegar por los distintos niveles de agrupación de los datos. Si pulsas sobre el símbolo $\boxed{+}$ del grupo **enero**, verás que se expande para mostrar los conceptos del mes de **enero** del año **2017** como se observa en la figura 3.31.

Resumen de gastos

Detalles

	Tarjeta Carrefour	Bankia	Efectivo	Total general
⊟2017	26,15	79,28	12,00	117,43
⊟ene	38,47	40,00	12,00	90,47
Gasolina	38,47			38,47
Hipoteca				
Tenis niños		40,00		40,00
Recibo comunidad				
Meriendas			12,00	12,00
Multas				
⊞feb		39,28		39,28
⊞mar	-12,32			-12,32
Total general	**26,15**	**79,28**	**12,00**	**117,43**

Figura 3.31: Tabla Dinámica con grupos de año 2017 y mes de enero expandidos

Como hemos comentado al inicio del capítulo, las tablas dinámicas sirven para resumir los datos de la tabla y presentarlos con una organización más adecuada para su interpretación. Esto lo puede observar en los valores presentados en la tabla: no son los datos "crudos" que has introducido en la tabla, sino valores agregados a partir de estos.

Por ejemplo, en la figura 3.31, la celda que corresponde al cruce de la fila *Gasolina* con la columna *Tarjeta Carrefour* muestra la suma de todos los gastos con concepto *Gasolina* en el mes de *enero* de *2017* en la cuenta *Tarjeta Carrefour*.

Si asciendes por el grupo, la fila *enero* muestra el total de gastos para ese mes en cada cuenta. Y la fila de *2017* muestra los totales de ese año en cada columna.

Al igual que las tablas tenían fila de totales, las tablas dinámicas pueden presentar **fila y columna de totales**. La columna de **Total general** presenta la suma de las filas, y la fila de **Total general** la suma de las columnas.

 Por defecto, una tabla dinámica muestra el resumen de los datos usando la función de agregación **SUMA**. Al igual que en las tablas, puedes elegir otra función de agregación para presentar los datos.

Ya has tenido un primer contacto con las tablas dinámicas. Pero para sacarle el máximo partido a esta herramienta hay que conocer cómo se construyen. Y no hay nada mejor para aprender que generes tu propia tabla dinámica.

3.5.1 Construye tu propia tabla dinámica

Como hemos comentado anteriormente, las tablas dinámicas sirven para representar datos que ya tenemos. En este ejercicio vamos a utilizar los datos de la tabla **Efectivo que he gastado**, que es donde has ido registrando tus gastos.

Para crear la tabla dinámica a partir de la tabla **Efectivo que he gastado**, sigue estos pasos:

- Selecciona la hoja **Seguimiento de capital personal**

- Pincha en una celda de la tabla **Efectivo que he gastado**

- Ejecuta **Herramientas de tabla** 》 Diseño 》 Resumir con tabla dinámica

- En el cuadro de diálogo **Crear tabla dinámica** que se abre (ver figura 3.32):

  (a) **Seleccione una tabla o rango**: es la tabla de gastos

  (b) **Elegir ubicación**: Nueva hoja de cálculo

  (c) Pulsar Aceptar

 Es recomendable crear las tablas dinámicas en hojas de cálculo independientes para evitar tener demasiados datos en la misma hoja.

Excel creará una nueva hoja de cálculo con el nombre por defecto de **Hoja1**. Puedes cambiarle el nombre y moverla al final de las hojas, de la siguiente manera:

- Haz doble click sobre el texto de la pestaña de la **Hoja1**. Entrarás en modo de edición.

- Escribe el nombre que quieres darle, por ejemplo **Mi Análisis**

- Pulsa ⏎ para finalizar la edición

- Para mover la hoja de posición, pincha sobre la pestaña de la hoja y sin soltar el botón izquierdo del ratón, desplázala hasta el final

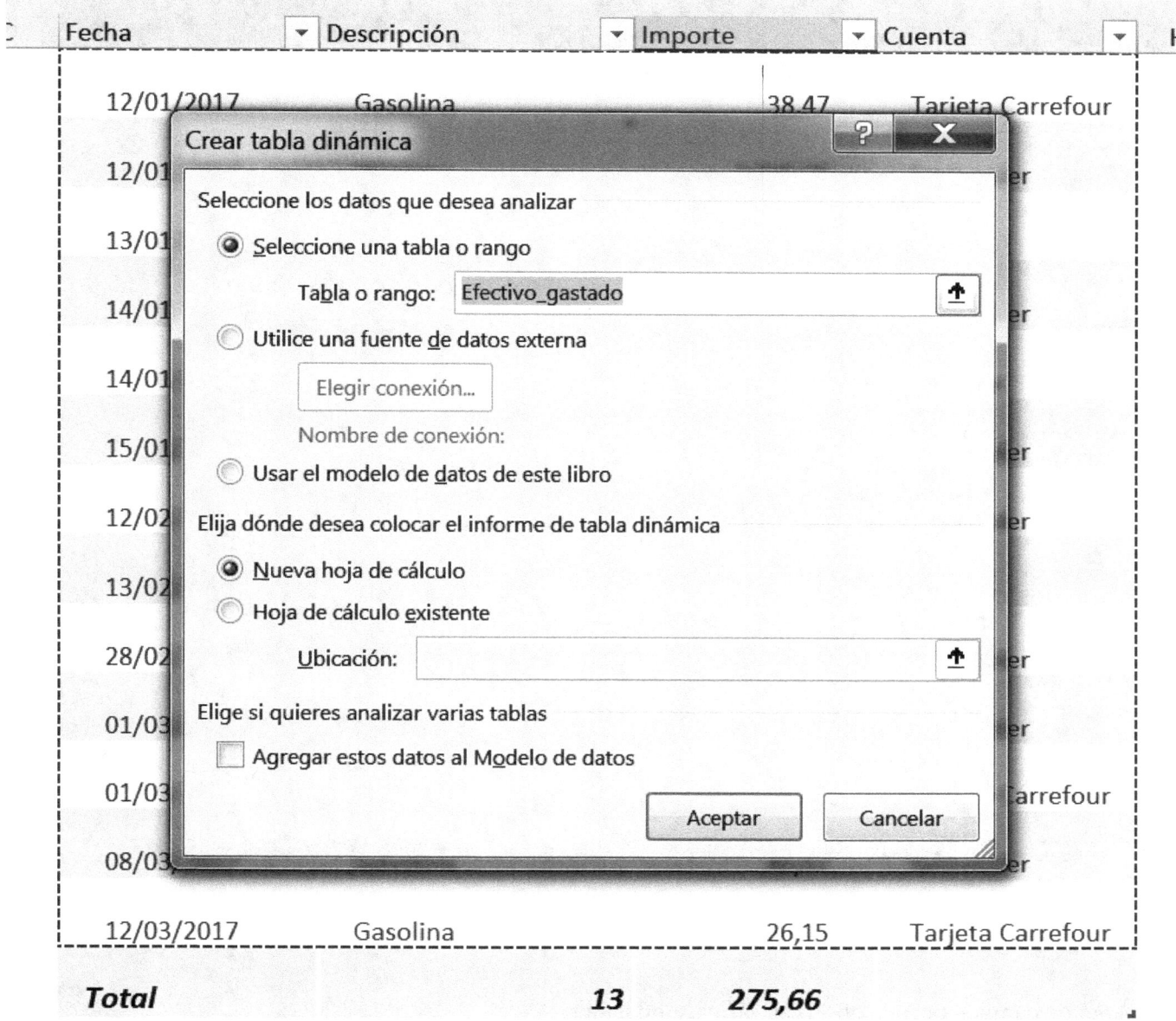

Figura 3.32: Cuadro de diálogo de Crear tabla dinámica

- Suelta el botón izquierdo de ratón para que se quede en el sitio que has elegido

- Selecciona la hoja que acabas de crear para ver su contenido

La hoja recién creada presentará un aspecto similar al mostrado en la figura 3.33
En ella puedes observar:

- A la izquierda, la cuadrícula de celdas de la hoja con un objeto flotante de tabla dinámica, aún sin configurar

- A la derecha, se ha abierto el panel de Campos de la tabla dinámica... , que es la herramienta que se utiliza para dar estructura a la tabla dinámica

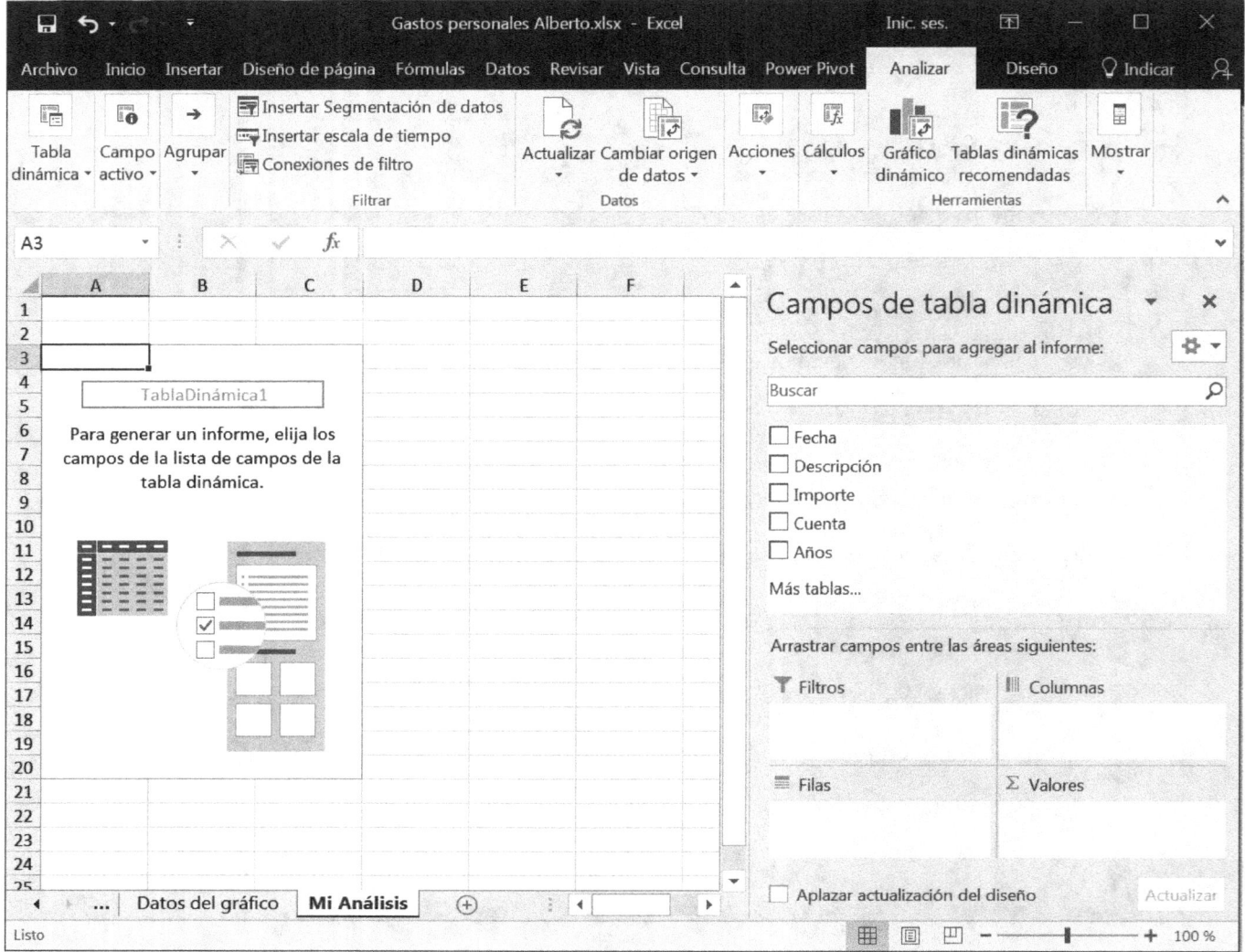

Figura 3.33: Hoja con una tabla dinámica nueva

En el panel de campos puedes observar varios subpaneles:

- ▪ Listado de campos : se corresponde con los campos de la tabla origen. También pueden aparecer campos calculados que creemos sobre la tabla dinámica

- ▪ Filtros : para colocar sobre cuales campos queremos realizar filtrado sin que aparezcan en el informe

- ▪ Columnas : cómo se van a distribuir los campos en columnas

- ▪ Filas : cómo se van a distribuir los campos por filas

- ▪ Valores ; los campos que se van a utilizar para realizar los cálculos de agregación

Ahora vamos a crear una pequeño informe para que observes como funciona la tabla dinámica. En el panel de campos de la tabla, arrastra los siguientes campos a las casillas indicadas:

- ▪ Arrastra el campo **Fecha** al panel de Filas

- ▪ Arrastra el campo **Descripción** al panel Columnas

- Arrastra el campo **Importe** al panel Valores

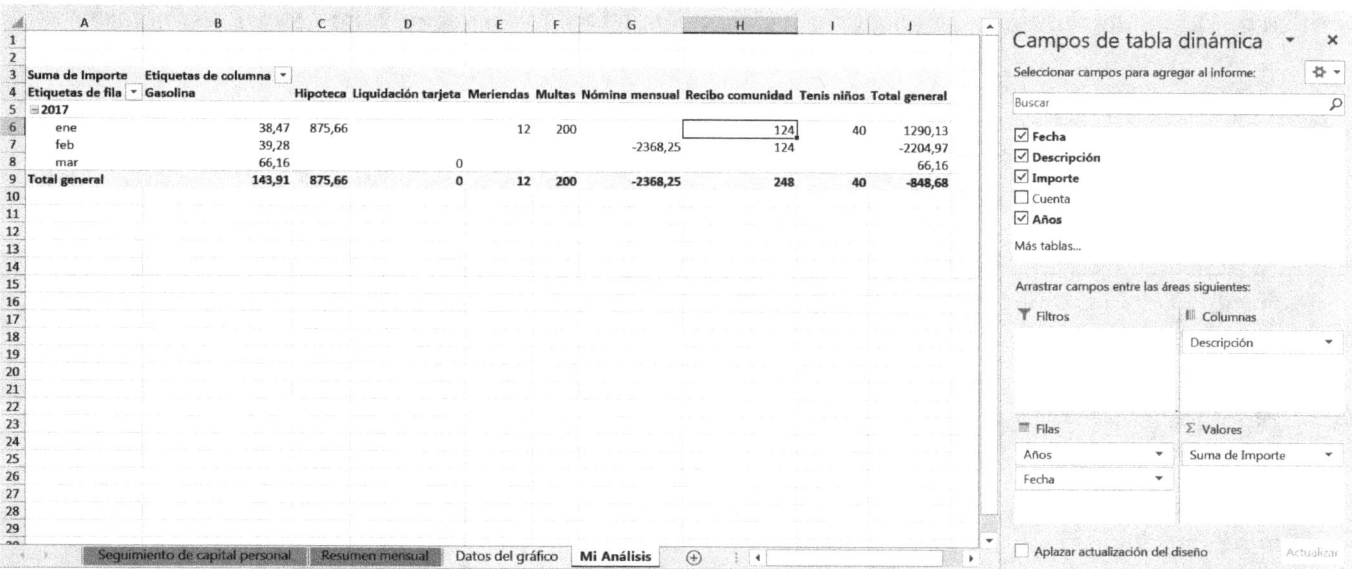

Figura 3.34: Configurar la estructura de una tabla dinámica

A lo largo del proceso, según añades campos a los distintos valores se va construyendo la tabla en la lado izquierdo. Al final de este proceso, deberías tener una tabla similar a la mostrada en la figura 3.34

 El orden de los campos en los paneles de filas y columnas influyen en como aparecerán estos agrupados en la tabla. Los campos inferiores en la lista del panel aparecerán agrupados dentro de los campos superiores.

3.5.2 Modificar la estructura de la tabla dinámica

Anteriormente hemos comentado la enorme flexibilidad de las tablas diná-micas a la hora de representar los resúmenes de los datos con distinta estructura de agrupación. Como ejemplo, vamos a configurar la tabla que estamos usando para que nos muestre cuanto has gastado cada año en cada uno de los conceptos y luego descomponerlo en meses.

 Recuerda: para cambiar la estructura de la tabla dinámica, solo tienes que arrastrar los campos de un panel a otro.

Vamos a ver como podemos obtener ese informe:

- Elimina todos los campos del panel Columnas

- Arrastra los campos **Años, Descripción** y **Fecha** al panel de Filas en este orden. En la figura figura 3.35b puedes observar como queda el orden de agrupación de los campos.

- Verifica que el campo **Importe** se encuentra en el panel Valores. Aparecerá como *Suma de Importe*

Etiquetas de fila ▾	Suma de Importe
⊟ **2017**	
⊟ **Gasolina**	
ene	38,47
feb	39,28
mar	66,16
Total Gasolina	**143,91**
⊞ **Hipoteca**	**875,66**
⊞ **Liquidación tarjeta**	**0**
⊞ **Meriendas**	**12**
⊞ **Multas**	**200**
⊞ **Nómina mensual**	**-2368,25**
⊞ **Recibo comunidad**	**248**
⊞ **Tenis niños**	**40**
Total general	**-848,68**

(a) Tabla resultante

Filtros

Columnas

Filas

Años	▾
Descripción	▾
Fecha	▾

Σ Valores

| Suma de Importe | ▾ |

(b) Estructura de campos

Figura 3.35: Ejemplo de tabla dinámica solo con filas

La tabla dinámica se ha reconfigurado para tener un aspecto similar al mostrado en la figura 3.35a. Como puedes observar, hay una primera agrupación por años. A continuación se agrupa por descripciones y por último por meses.

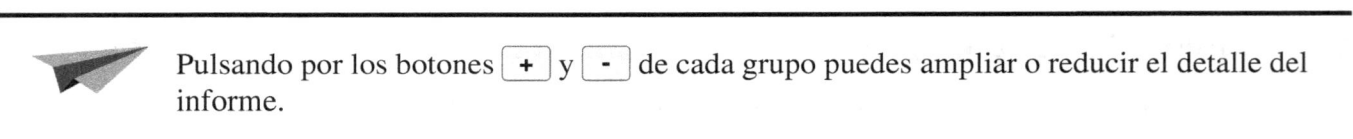

Pulsando por los botones ⊞ y ⊟ de cada grupo puedes ampliar o reducir el detalle del informe.

Observa que cuando tienes un grupo expandido, aparece una linea de totales para ese grupo, como ocurre con el grupo *Gasolina* en la figura 3.35a.

3.5.3 Filtrado por etiquetas

Al igual que ocurría con las etiquetas de las tablas, las tablas dinámicas también presentan un botón de filtro en sus filas y columnas. La particularidad es que en lugar de presentar un botón de filtro para cada grupo, presenta un único botón para todos los grupos, pero con un selector de campos. Vamos a ver como funciona.

- Sobre la tabla de la figura 3.35a pulsa sobre el pulsar sobre el botón `▼` de **Etiquetas de fila**. Aparecerá un panel de filtro, como el mostrado en la figura 3.36a

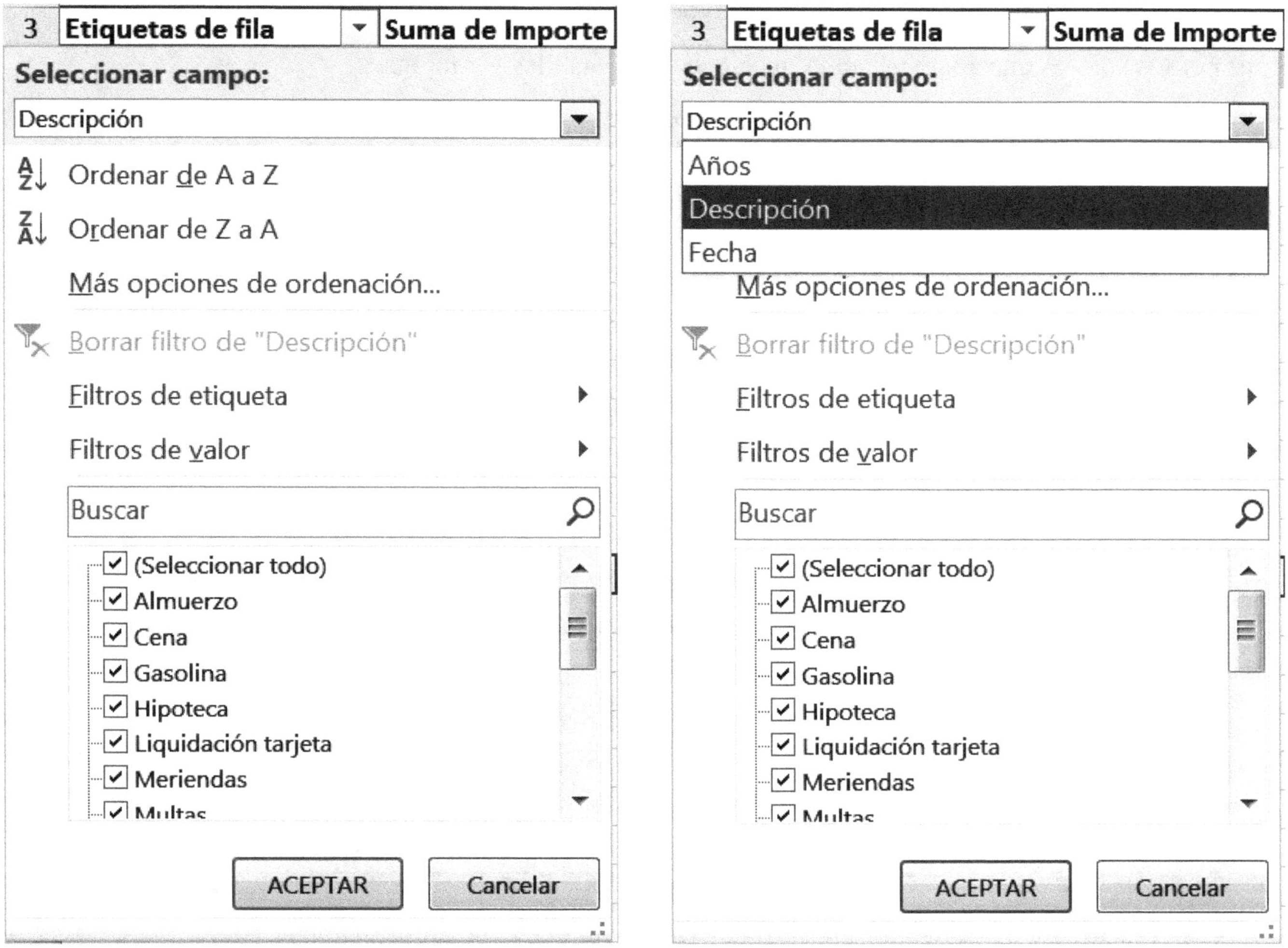

(a) Panel de filtro de etiquetas	(b) Selector del campo a filtrar

Figura 3.36: Panel de filtro al pulsar sobre el botón `▼` de **Etiquetas de fila**

- En su parte superior, aparece una opción de **Seleccionar campo**, con una lista desplegable. Si expandes esta lista, te aparecerá el conjunto de campos que forman las filas del informe, como puedes ver en la figura 3.36b

- Selecciona el campo sobre el que quieres aplicar el filtro

Si tienes una tabla dinámica que tiene una o varias columnas, te aparecerá una celda de **Etiquetas de columnas** que te permite filtrar por los campos que conforman las columnas del informe.

Otra peculiaridad de este panel de filtro es que a parte del los ya explicados autofiltros de fecha y etiqueta, presenta siempre el autofiltro de valor. Esto nos permite:

- Filtrar por las etiquetas de las filas (ya sean texto o fecha)

- Filtrar por los valores que aparecen en la intersección de las filas y columnas

El resto de las opciones de filtrado funcionan igual que las explicadas en las tablas normales.

Prueba a filtrar la tabla para que solo muestre los gastos:

- Abre el panel de filtro pulsando sobre el botón [▼] de Etiquetas de fila.

- Selecciona el campo Descripción

- Selecciona Filtros de valor ≫ Mayor o igual que

- En el panel de configuración del filtro, introduce el valor **0** en la casilla más a la derecha, como se muestra en la figura 3.37

- Pulsa el botón Aceptar

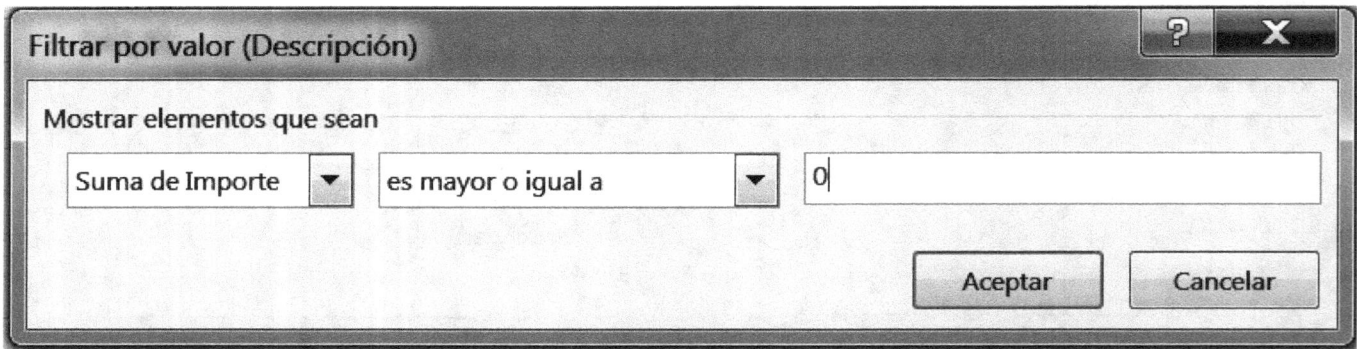

Figura 3.37: Definir un filtro por valor para el campo Descripción

Ahora la tabla dinámica solo muestra los valores que son positivos, es decir, los que corresponden a los gastos.

 Cuando filtres por valor, pon atención por cuál campo estás filtrando, ya que el filtro se aplicará al nivel del campo seleccionado. Si hubieras elegido a nivel de *Año*, mostraría los años cuyo resumen es positivo.

3.5.4 Filtrado por campos

Puede darse el caso de que queramos filtrar por un campo que no aparece en las filas o en las columnas del informe de tabla dinámica. Esta es la utilidad del cuadro Filtros del panel de configuración de *Campos de la tabla dinámica*. Veamos como funciona:

- En el panel de $\boxed{\textit{\textbf{Campos de la tabla dinámica}}}$ arrastra el campo *Cuenta* hasta el panel de **Filtros**, como se observa en la figura 3.38a

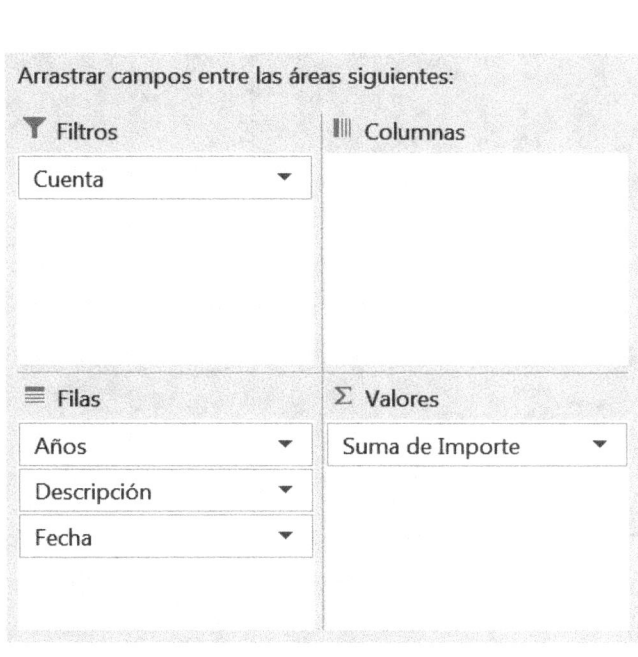

	A	B
1	Cuenta	(Todas) ▾
2		
3	**Etiquetas de fila** ▾	**Suma de Importe**
4	⊟ **2017**	
5	⊟ **Gasolina**	
6	ene	38,47
7	feb	39,28
8	mar	66,16
9	**Total Gasolina**	**143,91**
10	⊞ **Hipoteca**	**2000**
11	⊞ **Liquidación tarjeta**	**0**
12	⊞ **Meriendas**	**12**
13	⊞ **Multas**	**200**
14	⊞ **Nómina mensual**	**-2368,25**
15	⊞ **Recibo comunidad**	**248**
16	⊞ **Tenis niños**	**40**
17	**Total general**	**275,66**

(a) Añadir filtros de campo   (b) Tabla resultante

Figura 3.38: Tabla dinámica con filtros de campo

- En la parte superior de la tabla dinámica, han aparecido dos celdas: una con la etiqueta del campo *Cuenta* (celda **A1**) y a su derecha otra con un botón de filtro (celda **B1**), como puedes observar en la figura 3.38b

- Si seleccionas el botón de filtro $\boxed{\blacktriangledown}$ que aparece en la celda **B1**, se desplegará un selector en el que puedes marcar las cuentas a usar en el informe, como se muestra en la figura 3.39.

Cuando selecciones un elemento de la lista del filtro de campo, la celda **B1** mostrará el elemento seleccionado.

 Si marcas la casilla **Seleccionar varios elementos** podrás utilizar varios valores en el filtro. Si esta casilla está desactivada, solo podrás seleccionar los valores de una en uno.

La tabla se reordenará para mostrar los datos filtrados.

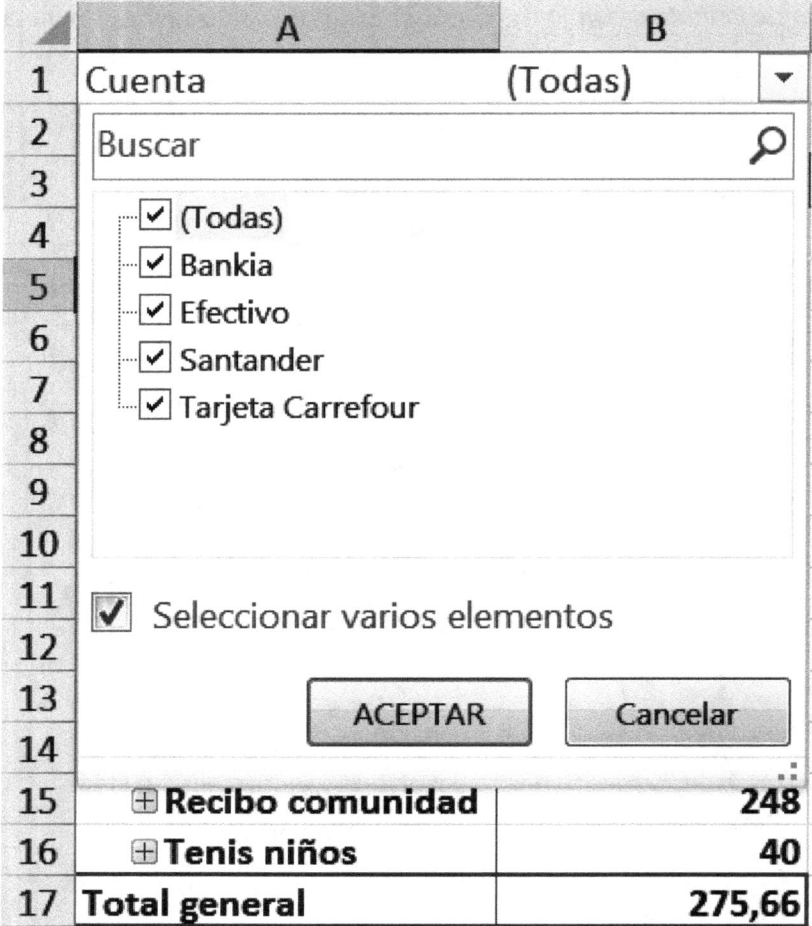

Figura 3.39: Selector de valores en un filtro de campo

 Para eliminar el filtro, debes de seleccionar *(Todas)* en el panel de filtro de campo.

3.5.5 Segmentación de datos

Al igual que en la tablas normales, Excel permite añadir paneles de segmentación de datos a una tabla dinámica.

Para añadir un objeto de segmentación de datos, sigue los siguientes pasos:

- Selecciona cualquier celda de la tabla dinámica

- Ejecuta el comando **Herramientas de tabla dinámica** 〉 Analizar 〉 Filtrar 〉 Insertar Segmentación de datos

- En en panel que se abre, selecciona sobre cuales campos quieres aplicar la segmentación.

 Puedes seleccionar más de un campo para hacer la segmentación. Se abrirán un panel por cada campo seleccionado. No es necesario que los campos se encuentren en la fila o columna del informe.

El manejo de la segmentación de datos es igual a como se explicó para las tablas normales.

 Puedes usar la segmentación de datos en lugar de los filtros de campo para filtrar por campos que no están en el informe.

3.5.6 Modificar el aspecto de los datos

Hasta ahora, los datos mostrados en la tabla dinámica que agregaban usando la función **SUMA**. Puedes modificar la función de agregación utilizada seleccionando una celda de datos de la tabla dinámica y con el botón derecho del ratón ejecutar $\boxed{\textbf{\textit{Botón derecho}}}$ Resumir valores por. Se ofrecen una serie de opciones:

- **Suma**: El el cálculo por defecto. Suma los datos del grupo.

- **Recuento**: Mostrar cuantos valores componen cada grupo.

- **Promedio**: Promedio de los valores del grupo.

- **Máx**: Valor máximo del grupo.

- **Min**: Valor mínimo del grupo.

- **Producto**: Multiplica todos los datos del grupo.

- **Mas opciones...**: Accede a un panel con funciones adicionales

 Prueba a mostrar los datos como **Promedio**. Así podrás conocer el gasto medio en cada concepto.

Hasta ahora hemos mostrado los resultados como valores absolutos. Quizá te interese conocer qué porcentaje de dinero consumen cada uno de los conceptos de gasto. Podrías pensar que habrá que empezar a calcular fórmulas para obtener estos nuevos datos, pero las tablas dinámicas te lo permiten hacer con un solo click de ratón. Vamos a ver como implementar el ejemplo propuesto:

■ Vuelve a usar la función **SUMA** para presentar los datos. Para ello selecciona una casilla de datos de la tabla y ejecuta **Botón derecho** 〉 Resumir valores por 〉 Suma

■ Modifica la visualización con el comando **Botón derecho** 〉 Mostrar valores como 〉 % del total general

Ahora la tabla presenta cada grupo como un porcentaje respecto al total general, como puedes observar en la figura 3.40

Etiquetas de fila ⚲	Suma de Importe
⊟ **2017**	
⊟ **Gasolina**	
ene	1,46%
feb	1,49%
mar	2,50%
Total Gasolina	**5,44%**
⊞ **Hipoteca**	**75,65%**
⊞ **Meriendas**	**0,45%**
⊞ **Multas**	**7,56%**
⊞ **Recibo comunidad**	**9,38%**
⊞ **Tenis niños**	**1,51%**
Total general	**100,00%**

Figura 3.40: Tabla dinámica mostrando el resumen de datos como porcentaje del total

Para hacer que la tabla vuelva a mostrar los datos en formato absoluto solo tienes que ejecutar **Botón derecho** 〉 Mostrar valores como 〉 Sin cálculo sobre una celda de valores.

Como habrás podido observar, el menú **Botón derecho** 〉 Mostrar valores como tiene muchas opciones, algunas bastante complejas de usar. Si tienes interés en conocerlas, puedes consultar la ayuda de Excel.

 Para acceder a la ayuda de Excel solo tienes que pulsar la tecla F1. La entrada *"Calcular un porcentaje para los subtotales en una tabla dinámica"* explica cada una de las opciones disponibles.

Un último aspecto que podemos modificar de los valores es cómo se presenta en formato del número. En la tabla actual, los valores aparecen con un formato de número genérico. Podría interesarte que apareciera con un formato de moneda, o que los números negativos aparezcan en rojo.

Esta es la forma de realizarlo:

- Para modificar el aspecto de los datos numéricos, hay que ir a la opción de **Configurar campo de valor**. Puedes llegar al panel de configuración de tres maneras distintas:

  (a) Seleccionando una celda de valor y ejecutando
  Botón derecho ≫ Configuración de campo de valor.

  (b) Desde el panel de configuración de campos de la tabla dinámica, pulsando sobre el campo correspondiente del subpanel de valores y seleccionando Configuración de campo de valor en el menú que aparece.

  (c) Seleccionando una celda de valor y accediendo al comando
  Herramientas de tabla dinámica ≫ Analizar ≫ Campo activo ≫ ...
  ... ≫ Configuración de campo

- Una vez que ha aparecido el panel de la figura 3.41a, pulsa sobre el botón Formato de número de la parte inferior izquierda. Aparecerá un nuevo panel como el mostrado en la figura 3.41b

- Selecciona **Categoría**: *Moneda* y de los formatos ofrecidos el que presenta los números negativos con símbolo menos y en rojo, como se muestra en la figura 3.41b

- Quita todos los filtros que hayas aplicado a la tabla dinámica.

 Puedes eliminar todos los filtros rápidamente, seleccionado la tabla dinámica y ejecutando el comando **Datos** ≫ Ordenar y filtrar ≫ Borrar

Ahora puedes observar en la figura 3.42 que el formato de los números han cambiado: presentan el símbolo € (Euro) y los ingresos aparecen en rojo.

3.5.7 Asignar un nombre a la tabla dinámica

Ya has visto lo fácil y rápido que es crear una tabla dinámica para resumir datos. Cuando Excel crea una tabla dinámica le asigna un nombre por defecto del estilo *TablaDinámica1*, *TablaDinámica2*, etc. Este tipo de nombre no resulta de mucha ayuda a la hora de entender lo que contiene, sobre todo si vas a utilizar

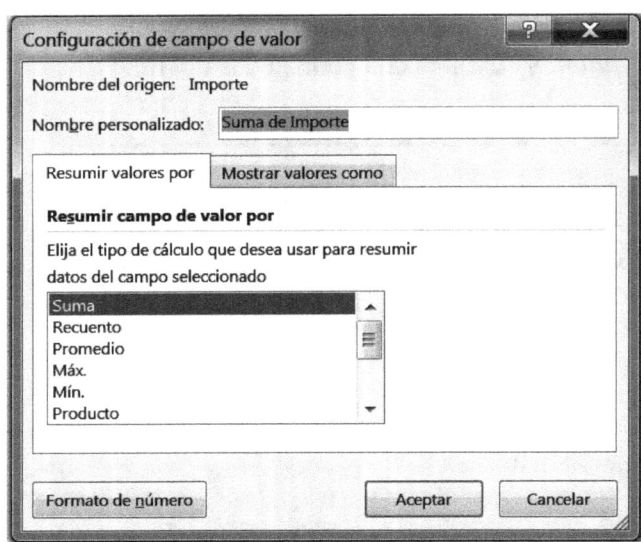

(a) Configuración de campo de valor

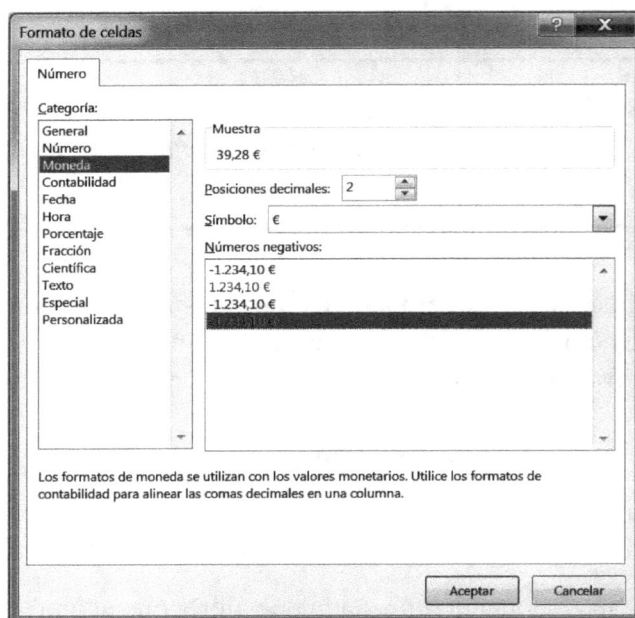

(b) Configuración de formato de número

Figura 3.41: Configuración de los campos de valor para que muestren formato de moneda con valores negativos en rojo

los datos de la tabla en una fórmula. Para dar a una tabla dinámica un nombre más descriptivo, realiza los siguientes pasos:

- Haz click en cualquier celda de la tabla dinámica

- Ve al comando **Herramientas de tabla dinámica** ⟩⟩ Analizar ⟩⟩ ...
  ... ⟩⟩ Tabla dinámica ⟩⟩ Nombre de tabla dinámica

- En el campo que aparece el texto *TablaDinámica1*, escribe un nombre descriptivo de los datos que contienen tu tabla dinámica, como puedes observar en la figura 3.43.

 Al darle el nombre a la tabla dinámica, ten en cuenta que éste no pude contener espacios en blanco.

3.5.8 Modificar el estilo y apariencia de la tabla dinámica

Si no te gusta los colores o el sombreado de los bordes de las celdas de la tabla dinámica, puedes modificarlos rápidamente con el comando **Herramientas de tabla dinámica** ⟩⟩ Diseño ⟩⟩ Estilos de tabla dinámica. Si despliegas la lista de estilos, podrás visualizarlos todos como se muestra en la figura 3.44.

Etiquetas de fila ▾	Suma de Importe
⊟ **2017**	
⊟ **Gasolina**	
ene	38,47 €
feb	39,28 €
mar	66,16 €
Total Gasolina	**143,91 €**
⊞ **Hipoteca**	**2.000,00 €**
⊞ **Liquidación tarjeta**	**0,00 €**
⊞ **Meriendas**	**12,00 €**
⊞ **Multas**	**200,00 €**
⊟ **Nómina mensual**	
feb	-2.368,25 €
Total Nómina mensual	**-2.368,25 €**
⊞ **Recibo comunidad**	**248,00 €**
⊞ **Tenis niños**	**40,00 €**
Total general	**275,66 €**

Figura 3.42: Tabla dinámica mostrando los valores en formato de moneda y valores negativos en rojo

---

Si pasas el cursor sobre los estilos, Excel te mostrará como va a quedar la tabla. Cuando hayas elegido el estilo que te guste, haz click sobre él para seleccionarlo.

También puedes modificar la presencia de diversos elementos de la tabla dinámica:

- Mostrar u ocultar los controles de **Etiquetas de fila o de columna**: **Herramientas de tabla dinámica** 》 Analizar 》 Mostrar 》 ... 》 ... 》 Encabezados de campo

- Mostrar u ocultar la filas y/o columnas de totales: opciones de **Herramientas de tabla dinámica** 》 Diseño 》 Diseño 》 Totales generales

- Mostrar u ocultar los subtotales, y definir su ubicación: opciones de **Herramientas de tabla dinámica** 》 Diseño 》 Diseño 》 Subtotales

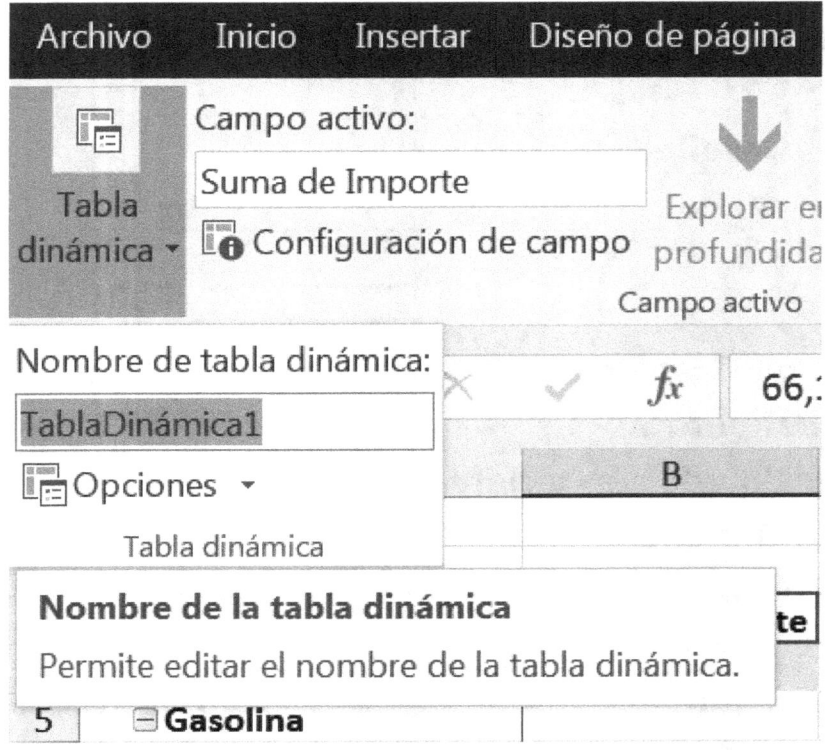

Figura 3.43: Como asignar el nombre de una tabla dinámica

- Estructura general del informe: opciones de
  Herramientas de tabla dinámica 〉 Diseño 〉 Diseño 〉 Diseño de informe y
  Herramientas de tabla dinámica 〉 Diseño 〉 Diseño 〉 Filas en blanco

- Mostrar u ocultar los botones 〔 + 〕 y 〔 - 〕 de los encabezados de grupo: **Herramientas de tabla dinámica** 〉
  〉 Analizar 〉 Mostrar 〉 Botones +/-

Todos estos comandos te permiten definir el aspecto final de la tabla dinámica.

3.5.9 Dar formato condicional a la tabla dinámica

Puedes mejorar la presentación de los datos añadiendo un **Formato Condicional** a las celdas de la tabla dinámica. El formato condicional permite cambiar la apariencia de las celdas con datos en función del valor que contienen, para facilitar la interpretación de estos datos.

Excel permite tres estilos de formato condicional:

- **Barras de datos**: resumen la importancia relativa de los valores en un rango de celdas mostrando una banda de color sobre la celda.

- **Escalas de color**: comparan la importancia relativa de los valores de un rango de celdas aplicando configuraciones de dos o tres colores. La intensidad de color de una celda refleja la tendencia del valor hacia la parte superior o inferior de los valores del rango.

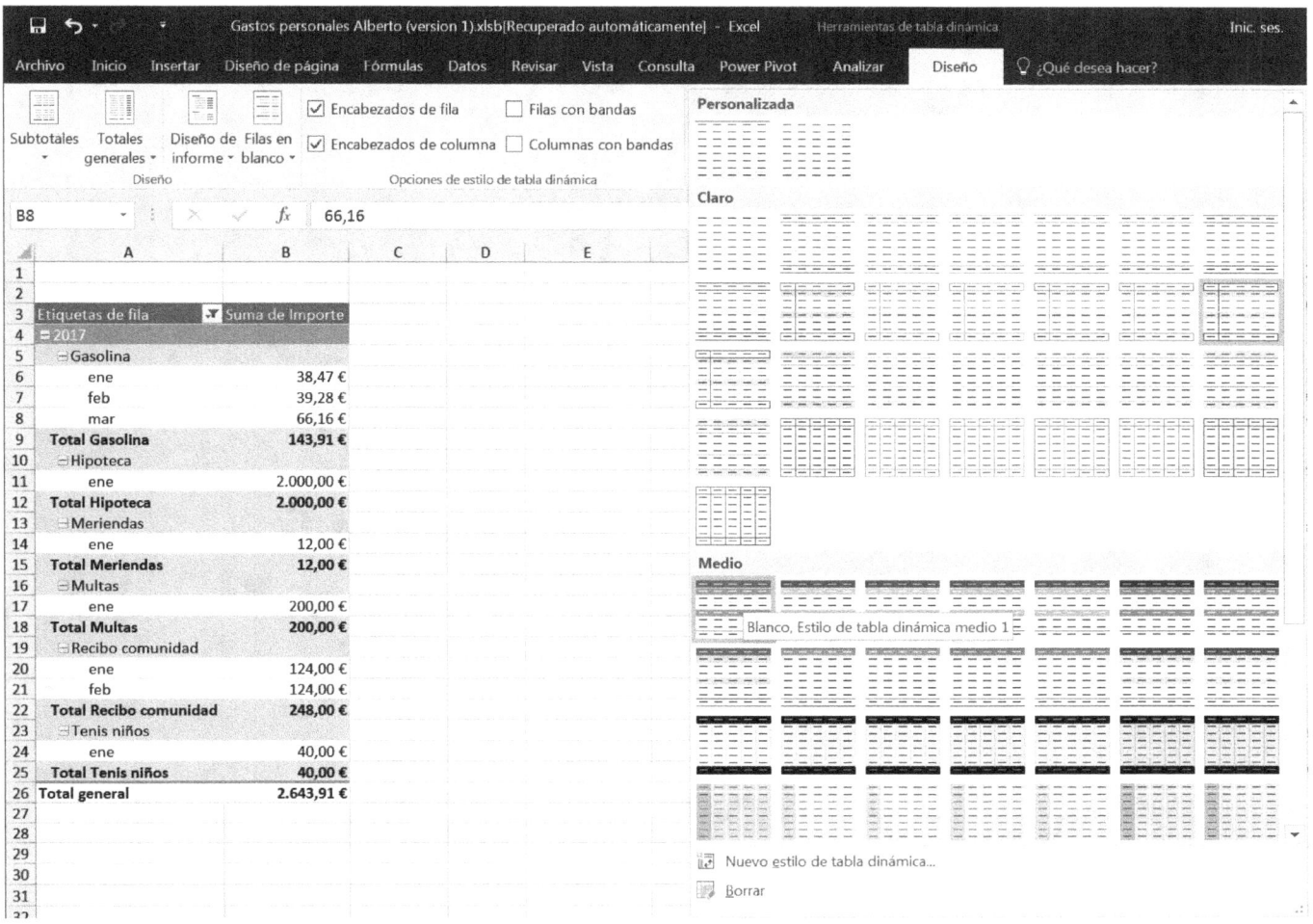

Figura 3.44: Asignación de un estilo a una tabla dinámica

- **Conjuntos de iconos**: son grupos de tres, cuatro o cinco imágenes que aparecen cuando se cumplen ciertas reglas.

Vamos a aplicar un par de formato condicionales sobre la tabla dinámica que venimos preparando:

- Quita todos los filtros que tengas aplicados sobre la tabla.

- Expande el grupo *Gasolina* para ver el gasto mensual.

- Selecciona una celda que contenga valores de un mes del grupo **Gasolina**. Por ejemplo, el gasto de **enero**. En la figura 3.45 corresponde a la celda **B6**.

- Selecciona el formato condicional siguiente:
  Inicio 〉 Estilos 〉 Formato condicional 〉 Barras de datos 〉 ...
  ... 〉 Barra de datos azul claro , como puedes observar en la figura 3.45.

- A la derecha de la celda sobre la que acabas de aplicar el formato condicional aparece un control de **Opción de formato**. Haz click sobre él, como se muestra en la figura 3.46.

- Selecciona la opción *Todas las celdas que muestran valores "Suma de importe" para "Fecha"*. Verás que se aplica el formato a todas las celdas de **Suma de importe** de los meses.

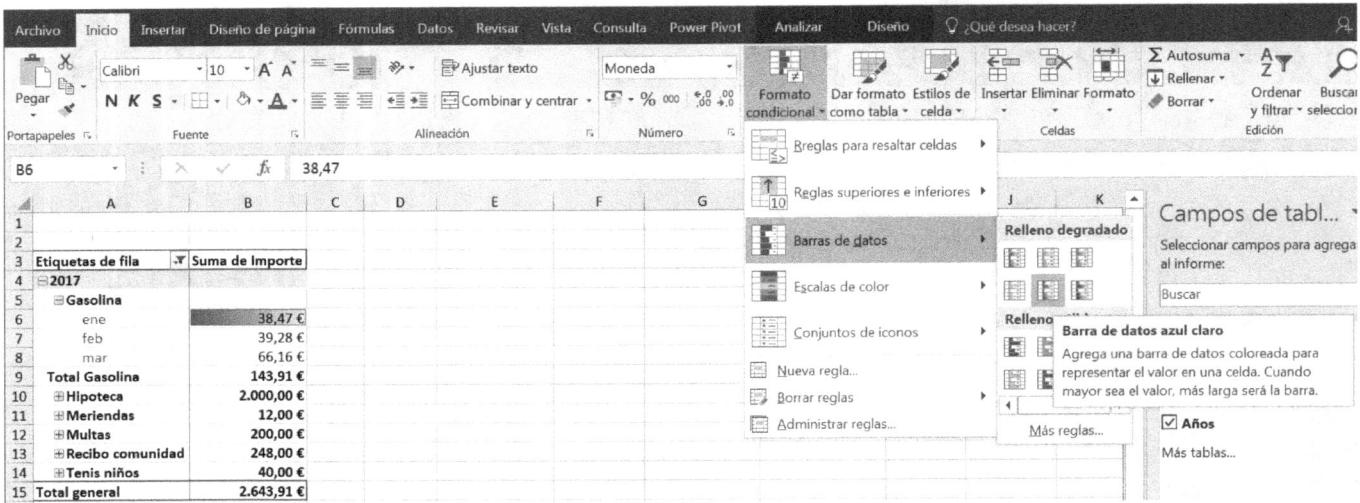

Figura 3.45: Asignación de un formato condicional a una tabla dinámica

3	Etiquetas de fila	Suma de Importe
4	⊟ 2017	
5	⊟ Gasolina	
6	ene	38,47 €
7	feb	39,28 €
8	mar	66,16 €
9	Total Gasolina	143,91 €
10	⊞ Hipoteca	2.000,00 €
11	⊞ Meriendas	12,00 €
12	⊞ Multas	200,00 €
13	⊞ Recibo comunidad	248,00 €
14	⊞ Tenis niños	40,00 €
15	Total general	2.643,91 €

Aplicar regla de formato a ...

○ Celdas seleccionadas

○ Todas las celdas que muestran valores "Suma de Importe"

◉ Todas las celdas que muestran valores "Suma de Importe" para "Fecha"

Figura 3.46: Opciones de formato condicional para una tabla dinámica

- Expande, por ejemplo, el grupo *Recibo comunidad* para comprobar que se ha aplicado el formato condicional a las celdas de ese grupo, como puedes observar en la figura 3.47b.

Al aplicar el formato condicional se muestran tres opciones:

(a) **Celdas seleccionadas**: Aplica el formato condicional solo a las celdas seleccionadas.

(b) **Todas las celdas que muestran valores de ''Nombredecampo''**: Aplica el formato condicional a todas las celdas que se encuentran en el área de datos, independientemente de que la celda esté en dicha área, en una fila o columna de subtotales o en una fila o columna de totales generales.

(c) **Todas las celdas que muestran valores Suma de ''Nombredecampo'' para ''Campos''**: Aplica el formato condicional a todas las celdas que están en el mismo nivel (por ejemplo, celdas de datos, subtotal o total general) que las celdas seleccionadas.

Ya hemos comentado que la tabla dinámica tiene la característica de que se reconfigura en función de los datos mostrados. Este principio también se aplica al formato condicional, como puedes observar en la figura 3.47.

	Etiquetas de fila	Suma de Importe
3		
4	⊟2017	
5	⊟Gasolina	
6	ene	38,47 €
7	feb	39,28 €
8	mar	66,16 €
9	Total Gasolina	143,91 €
10	⊞Hipoteca	2.000,00 €
11	⊞Meriendas	12,00 €
12	⊞Multas	200,00 €
13	⊞Recibo comunidad	248,00 €
14	⊞Tenis niños	40,00 €
15	Total general	2.643,91 €

(a) Formato condicional con un grupo expandido

	Etiquetas de fila	Suma de Importe
3		
4	⊟2017	
5	⊟Gasolina	
6	ene	38,47 €
7	feb	39,28 €
8	mar	66,16 €
9	Total Gasolina	143,91 €
10	⊞Hipoteca	2.000,00 €
11	⊞Meriendas	12,00 €
12	⊞Multas	200,00 €
13	⊟Recibo comunidad	
14	ene	124,00 €
15	feb	124,00 €
16	Total Recibo comunidad	248,00 €
17	⊞Tenis niños	40,00 €
18	Total general	2.643,91 €

(b) Formato condicional con dos grupos expandidos

Figura 3.47: Ejemplo de formato condicional en función de los datos mostrados en una tabla dinámica

Los valores relativos del formato condicional se recalculan en función de los valores mostrados. En la figura 3.47a, las barras de las celdas de **Suma de Importe** de *Gasolina* para **ene**, **feb** y **mar** muestran la importancia relativa entre ellas tres. La celda de **mar** presenta la barra completa, ya que es el valor más alto.

Si expandes otro grupo, como por ejemplo *Recibo comunidad* (figura 3.47b), las barras de todos los datos mostrados se recalculan para adaptarse a los nuevos valores. Observa que las celdas de **Suma de Importe** de *Gasolina* para **ene**, **feb** y **mar** muestran ahora una longitud de barra menor que en la figura 3.47a, ya que se han de adaptar al valor más alto de los valores del grupo *Recibo comunidad*.

Para eliminar las reglas de la tabla dinámica, ejecuta el comando Inicio 〉 Estilos 〉 Formato condicional 〉 Borrar reglas 〉 Borrar reglas de esta tabla dinámica

Prueba a añadir diferentes tipos de formato condicional a otros niveles de grupo de la tabla dinámica.

CAPITULO 4

PRESUPUESTO DE UNA BODA

Mi consejo es que te cases: si encuentras una buena esposa serás feliz, si no, te harás filósofo.

—**Sócrates** *(470 AC-399 AC) Filósofo griego*

En esta capitulo aprenderás cómo elaborar un presupuesto para planificar alguna actividad u objetivo. En esta ocasión nos centraremos en realizar un presupuesto para planificar una boda.

Con el principio de *fácil y rápido*, usaremos una plantilla de libro de las que nos ofrece Excel y la modificaremos.

Planificaremos la entrada de datos, configuraremos las conexiones entre los libros de presupuesto y gastos, de manera que te sea *fácil y rápido* controlar como avanza el proyecto de la boda y saber si estamos o no dentro de lo presupuestado.

4.1 Obtener la plantilla de Excel

Excel dispone de un panel con plantillas para crear nuevos libros. En este panel puedes seleccionar el crear un libro en blanco, o utilizar uno que contenga un formato predefinido.

Si en la lista por defecto no encuentras la plantilla de libro que te interesa, Excel te ofrece la posibilidad de hacer una búsqueda por nombre o temática. La utilidad de búsqueda se muestra como un recuadro blanco con un símbolo de lupa en la derecha.

 La búsqueda de plantillas se realiza en Internet. Como lo vamos a usar hay que estar conectado a la red.

Para buscar plantillas relacionadas con un tema, introduciremos las palabras que queremos buscar en el cuadro de búsqueda. En el caso que nos ocupa, introduciremos la palabra **boda**, y pulsamos la tecla Retorno o sobre el símbolo de la lupa.

Excel buscará en su base de datos de Internet, y nos mostrará las plantillas disponibles.

Seleccionamos la plantilla de libro **"Plan de presupuestos para boda"**. Al abrirse el libro nos debe mostrar una imagen similar a la figura 4.1, con una sola hoja llamada **Planificación boda 2010**.

 Guarda el libro del presupuesto de la boda con Ctrl + G Dale un nombre que indique su contenido para identificarlo rápidamente.

Con esto queda asignado el nombre y la ubicación del libro. La próxima vez que accedas al menú Archivo › Guardar o pulses Ctrl + G , Excel ya no te solicitará ni el nombre ni la ubicación. Guardará el libro en disco directamente, sobrescribiendo los contenidos antiguos. Pulsar de vez en cuando Ctrl + G no supone ningún esfuerzo. Recuerda que se puede ir la luz...

4.2   Cómo está diseñada la hoja del presupuesto

El libro de ejemplo seleccionado presenta una hoja de diseño muy sencillo.

El diseño principal es de hoja de cálculo (sin tablas), con fórmulas muy sencillas, y un gráfico de tarta que resume los gastos efectuados.

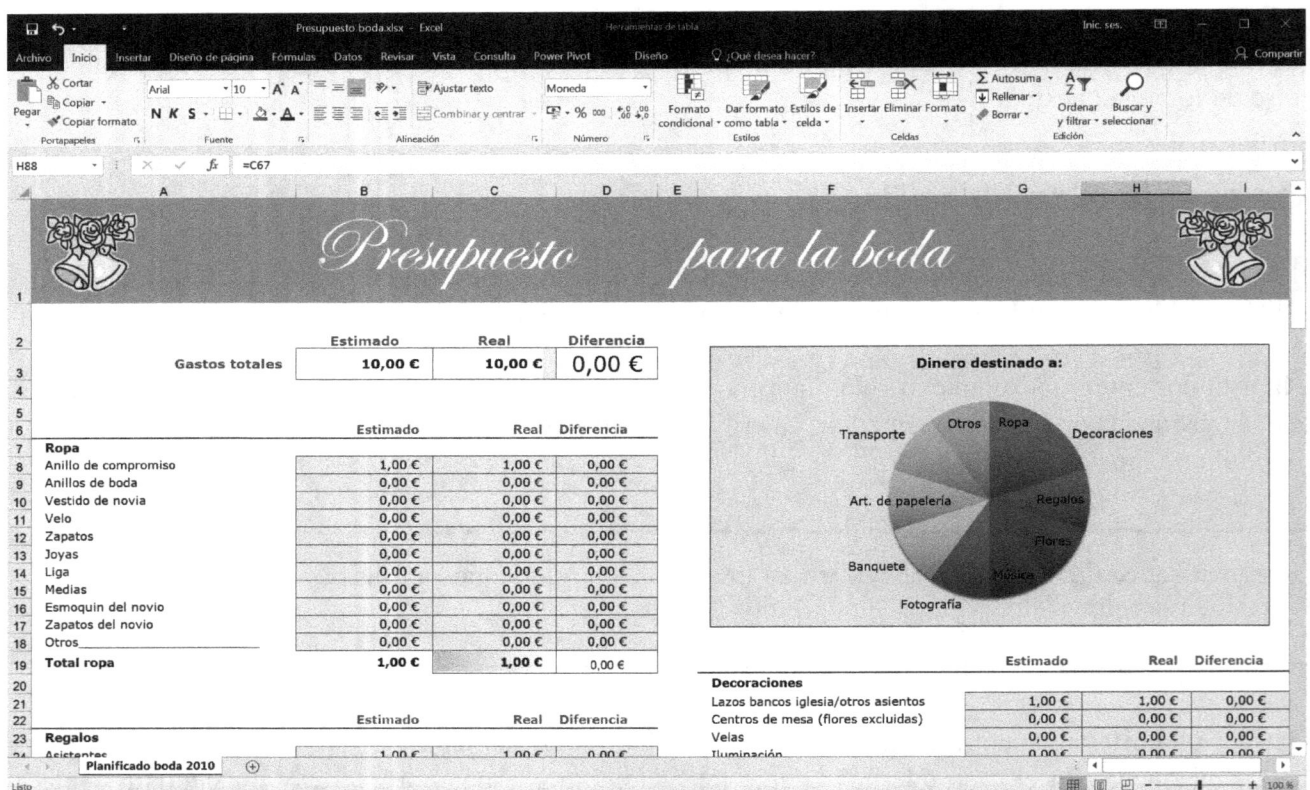

Figura 4.1: Libro **"Plan de presupuestos para boda"** al abrirlo

4.2.1 Grupos de gastos

La entrada de datos está repartida en grupos de gastos: ropa, banquete, fotografía, etc.

Cada grupo se compone de distintos gastos más detallados. Los gastos se organizan en filas, con varias columnas:

- Descripción del gasto

- Importe estimado

- Importe real

- Diferencia entre los dos anteriores

Al pie de cada grupo, se totaliza la suma de cada una de las columnas de importes. Los totales se calculan mediante la función suma. Por ejemplo, para sumar los gastos reales en ropa, la celda **C19** contiene la formula

$$= SUMA(C8 : C18) \tag{4.1}$$

que realiza la suma de los datos de su columna (rango de celdas **C8:C18** en este ejemplo). Si vamos marcando las distintas celdas de totales, podremos ver como son las sumas de las distintas columnas de datos.

En la parte superior, se muestra un resumen de los importes presupuestados, lo gastado realmente y la diferencia entre ambos. Los totales se realizan sumando los valores subtotales obtenidos en cada grupo de opciones. Por ejemplo, la fórmula que aplica para sumar todos los gastos efectuados (celda **C3**) es la siguiente:

$$= SUMA(C19; H27; C29; H38; C37; H49; C51; H64; H73; C67) \tag{4.2}$$

 Como puedes observar, esta celda utiliza valores de celdas repartidas a lo largo de toda la hoja. Si editamos la fórmula, se nos mostrará cada celda incluida en ella en un color.

 Si queremos visualizar las dependencias de una celda respecto a las otras que utiliza en la fórmula que contiene, podemos utilizar la herramienta **Fórmulas** ⟩ Auditoría de Fórmulas ⟩ ⟩ Rastrear precedentes , que nos indicará mediante flechas de donde provienen los datos de la fórmula, tal y como podemos ver en la figura 4.2.

Las flechas nos indicarán la posición de las celda de origen utilizadas en la fórmula (como puedes comprobar en la figura 4.3), por lo que es muy sencillo verificar que no nos hemos equivocado al introducir una fórmula.

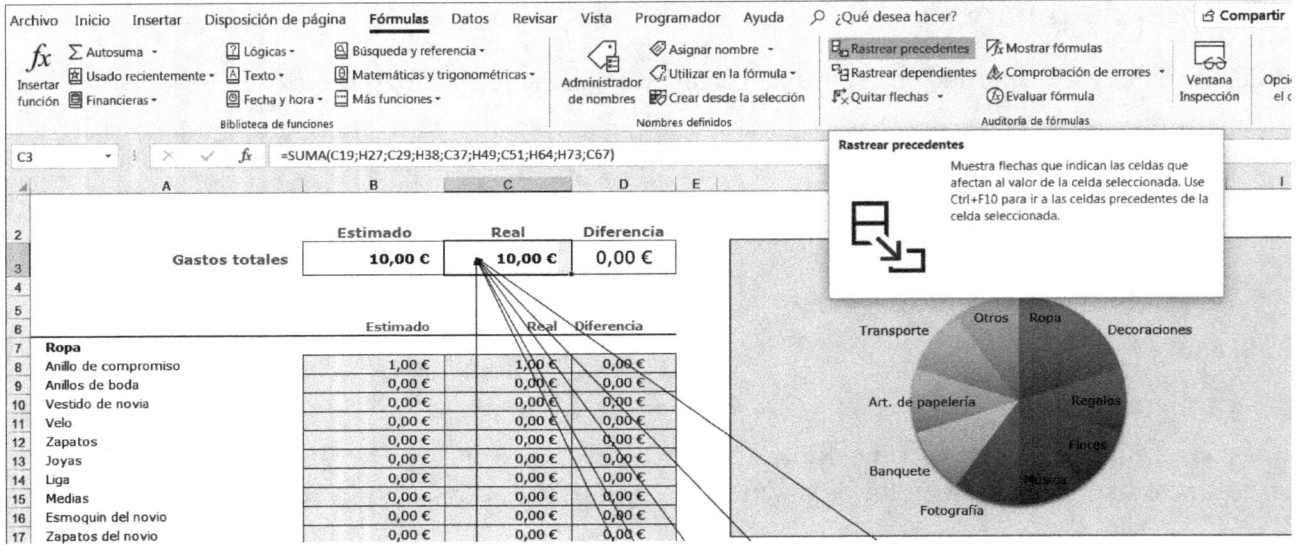

Figura 4.2: Herramienta para rastrear precedentes de una fórmula

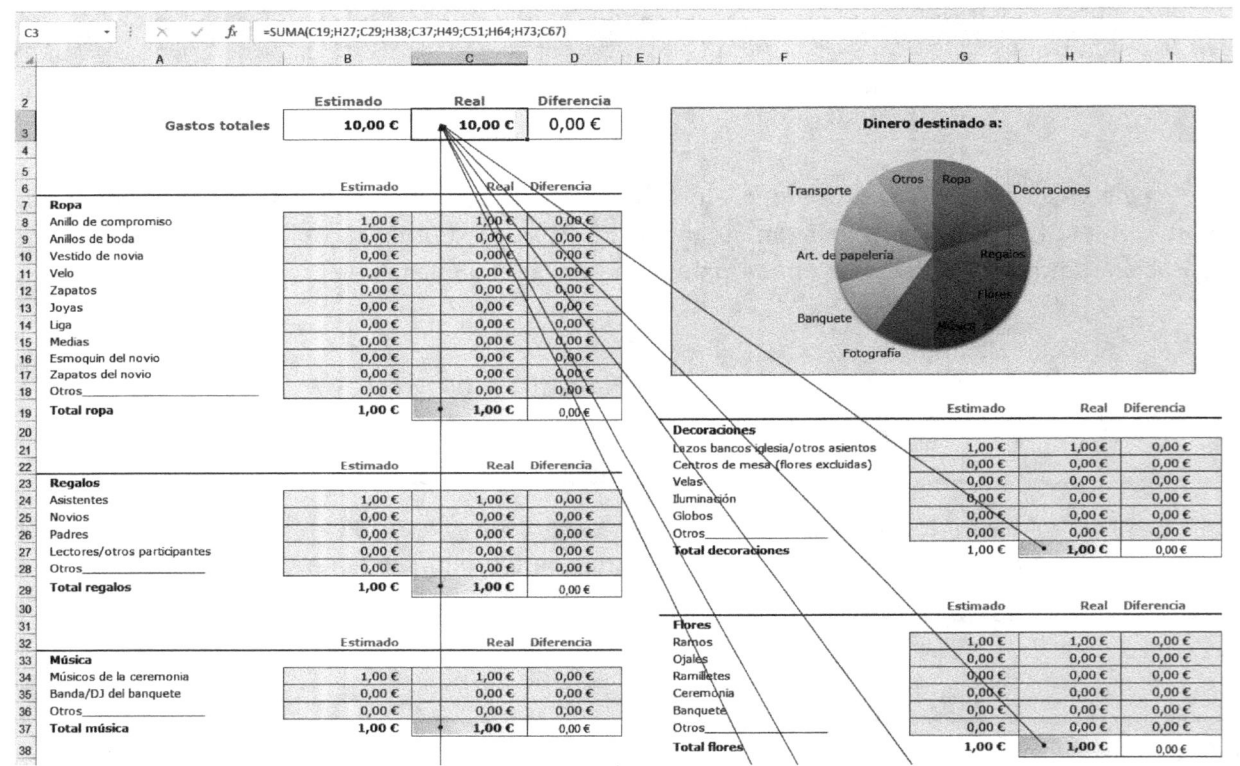

Figura 4.3: Resultado de rastrear precedentes de una fórmula

 Para ocultar las flechas, solo tienes que utilizar la herramienta de la cinta **Fórmulas** ⟩ Auditoría de Fórmulas ⟩ Quitar flechas

4.2.2 Gráficos en la hoja

En la zona superior derecha, muestra un gráfico de tarta que representa las proporciones de los importes gastados en cada categoría.

Los datos del gráfico se obtienen de una tabla auxiliar en la zona inferior derecha de la hoja, por debajo de la categoría de **Transporte**. Esta tabla solo agrupa los resultados de la suma de los gastos de cada categoría, mediante una referencia a la celda correspondiente, como puedes ver en la figura 4.4.

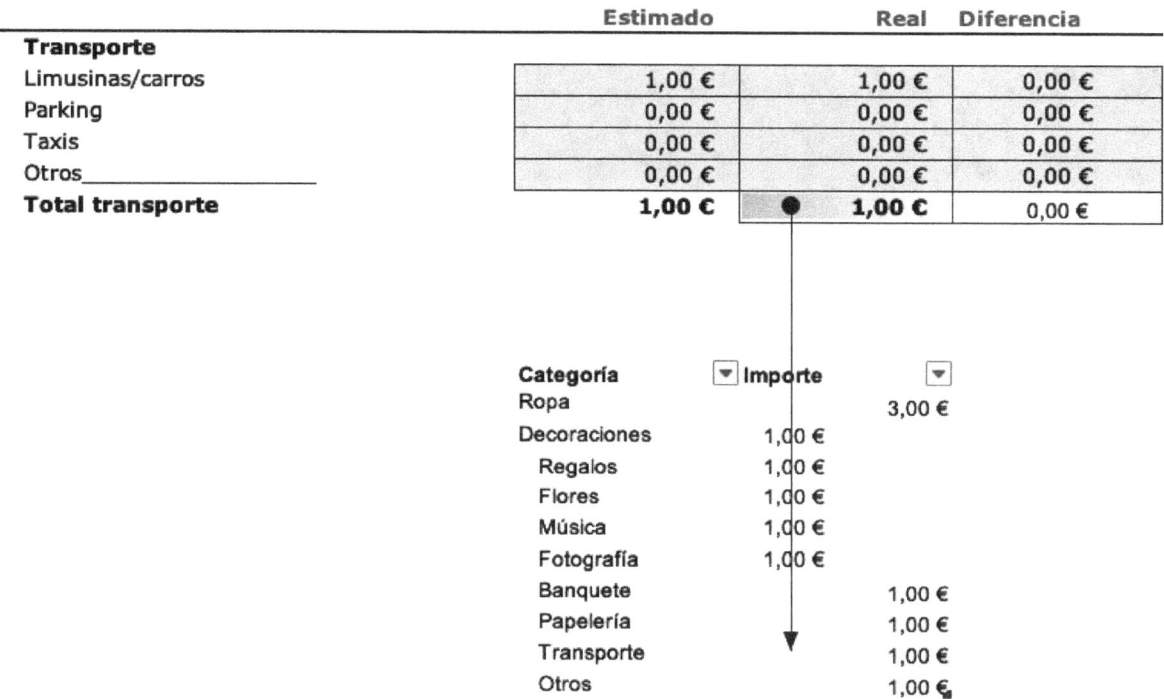

Figura 4.4: Ejemplo de origen de los datos del gráfico

 Como puedes observar, hemos utilizado la herramienta ⌈**Fórmulas**⟩ Auditoría de Fórmulas ⟩ ⟩Rastrear precedentes⌉ para resaltar el origen de datos de la celda **H73**.

Según vayamos introduciendo datos en las categorías de gastos, se irán calculando los subtotales de las categorías, y estos se actualizarán en la tabla de origen de datos del gráfico, lo que hará que este último se actualice con los nuevos valores.

Comprobarás que cuando se modifica un dato en una celda, este cambio se va propagando como una cascada a lo largo de todas las formulas y lugares donde se utiliza, hasta finalizar el el gráfico.

Si quieres saber en cuales fórmulas está implicad una determinada celda, selecciónala y utiliza la herramienta $\boxed{\textbf{Fórmulas}} \gg \text{Auditoría de Fórmulas} \gg \boxed{\text{Rastrear dependientes}}$. Aparecerán flechas desde la celda seleccionada hacia todas las celdas que tengan fórmulas que la utilicen. En la figura 4.5 podemos observar las celdas dependientes de la celda **C19**

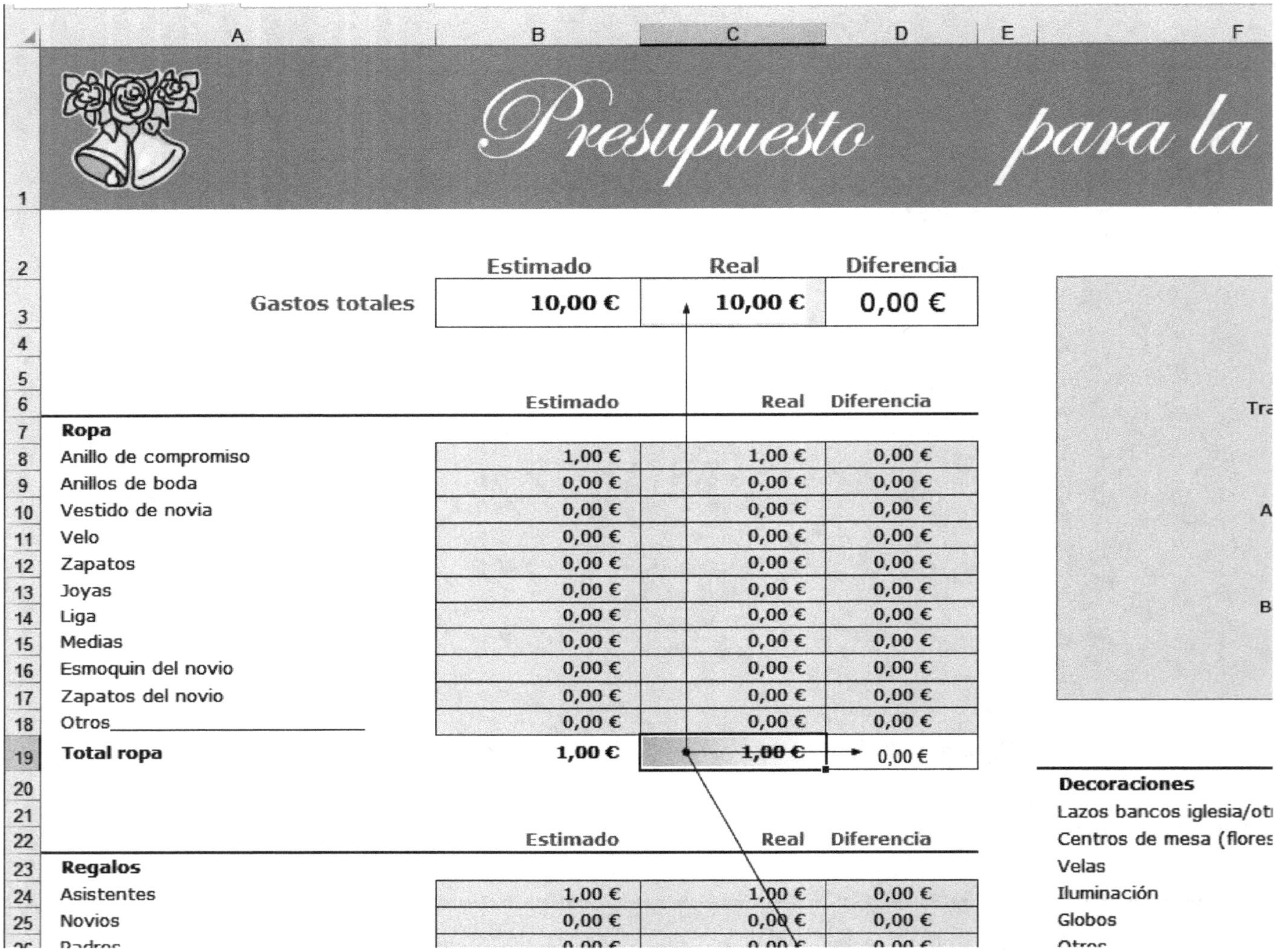

	Estimado	Real	Diferencia
Gastos totales	10,00 €	10,00 €	0,00 €

	Estimado	Real	Diferencia
Ropa			
Anillo de compromiso	1,00 €	1,00 €	0,00 €
Anillos de boda	0,00 €	0,00 €	0,00 €
Vestido de novia	0,00 €	0,00 €	0,00 €
Velo	0,00 €	0,00 €	0,00 €
Zapatos	0,00 €	0,00 €	0,00 €
Joyas	0,00 €	0,00 €	0,00 €
Liga	0,00 €	0,00 €	0,00 €
Medias	0,00 €	0,00 €	0,00 €
Esmoquin del novio	0,00 €	0,00 €	0,00 €
Zapatos del novio	0,00 €	0,00 €	0,00 €
Otros_____	0,00 €	0,00 €	0,00 €
Total ropa	1,00 €	1,00 €	0,00 €

	Estimado	Real	Diferencia
Regalos			
Asistentes	1,00 €	1,00 €	0,00 €
Novios	0,00 €	0,00 €	0,00 €
Padres	0,00 €	0,00 €	0,00 €

Decoraciones
Lazos bancos iglesia/ot
Centros de mesa (flores
Velas
Iluminación
Globos
Otros

Figura 4.5: Ejemplo de rastrear dependientes de una celda

4.3 Utilizar la hoja de Presupuesto de Boda

El uso de la hoja de presupuesto es muy sencillo. Lo primero es realizar el presupuesto en sí, es decir, definir cuanto dinero queremos gastarnos en la boda.

Para ello, empezamos a rellenar las celdas de la columna **Estimado** de cada categoría de gastos. Se irá actualizando la celda de totales de la categoría y la celda de Gastos Totales Estimados (**B3**).

Una vez completadas las estimaciones, tendrás el gasto previsto en cada categoría y el importe total que esperas gastar en el evento. El siguiente paso es ejecutar el presupuesto, es decir, que empieces a anotar el dinero que te vas gastando en los distintos aspectos de la boda, y saber cuanto te estás desviando del presupuesto.

Cada vez que realices un gasto o un pago, introduce su valor en la columna **Real** de la categoría correspondiente. Solo tienes que introducir el número y todo los valores resumen y el gráfico se actualizarán automáticamente.

Se te puede dar el caso de que tengas más de un pago en una categoría. Puedes optar por dos soluciones:

1. Sumar a mano los importes e introducir el valor de la suma en la celda.

2. Dejar que Excel haga la suma por ti. Para ello solo tienes que introducir una fórmula que realice la suma en la celda correspondiente. En lugar de usar referencias a celdas, usa valores numéricos. Por ejemplo:

$$= \mathrm{SUMA}(18, 35; 125, 60; 32) \tag{4.3}$$

o si prefieres una forma equivalente más sencilla:

$$= 18, 35 + 125, 60 + 32 \tag{4.4}$$

Recuerda que para que Excel considere lo introducido en una celda como una fórmula a calcular, debe empezar por el carácter $\boxed{=}$

Si el registrar los gastos de esta manera no te satisface pues te gustaría anotar exactamente el concepto de cada factura pagada, más adelante te explicaré como modificar la plantilla para poder realizar estos apuntes.

Según vayas añadiendo información de los pagos realizados, se irán sumando automáticamente en los subtotales de cada categoría, y estos se sumarán en las celdas de resumen de la parte superior. Así mismo se calculará la diferencia entre los presupuestado y lo gastado, indicando si aún te sobre dinero del presupuesto o si te has pasado en los gastos.

Así mismo, el gráfico resumen se irá actualizando con los nuevos valores calculados, indicando de forma visual en qué proporción se ha gastado el dinero por categorías.

4.4 Anotar los gastos de forma detallada

Anteriormente te he indicado la forma de registrar los gastos de una forma sencilla, pero quizá te interesa o necesitas registrar exactamente el concepto de cada factura y sumar los importes relacionados con cada categoría. Vas a ver una forma de hacerlo, que nos ayudará también a conocer más en profundidad las distintas funcionalidades y herramientas de Excel.

Lo primero, vamos a definir qué es lo que queremos hacer con nuestra plantilla de presupuesto para mejorarla:

- Que cada factura o gasto se registre en una fila de una tabla que recoja, por ejemplo, la fecha, la categoría del gasto, la descripción y el importe.

- Las categorías de entrada se han de corresponder con las definidas en la plantilla del presupuesto, y solo con estas. Es decir, se ha de elegir la categoría de una lista predefinida, y no permitir categorías que no estén en la lista, para evitar errores.

- Se han de sumar todos los importes correspondientes a una categoría de gasto y anotar el resultado en la celda correspondiente de la plantilla de presupuesto.

Ya que la plantilla del presupuesto de boda tiene un diseño estético cuidado, todas estas mejoras las vamos a realizar en nuevas hojas del libro.

4.4.1 Añadir nuevas hojas al libro

Como primer paso, vamos a crear un par de hojas nuevas y vamos a darle un nombre. Esto es muy sencillo:

- En la parte inferior izquierda de la aplicación Excel hay como una pestaña que pone `Planificado boda 2010`. Este es el nombre de la hoja que estamos visualizando. A su derecha se encuentra el símbolo (⊕). Púlsalo para crear una nueva hoja en el libro, tal y como se muestra en la figura 4.6.

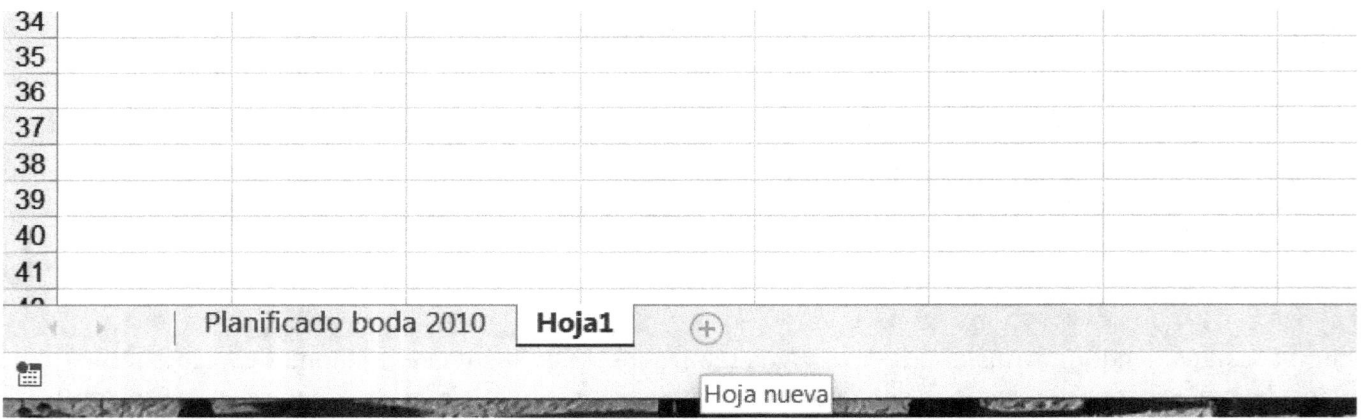

Figura 4.6: Añadir una nueva hoja al libro

- El nombre por defecto de la nueva hoja es `Hoja1`. Le vamos a cambiar el nombre por otro más descriptivo:

1. Pulsa con el botón derecho sobre el nombre de la hoja para desplegar el menú de opciones, que de ser similar al mostrado en la figura 4.7

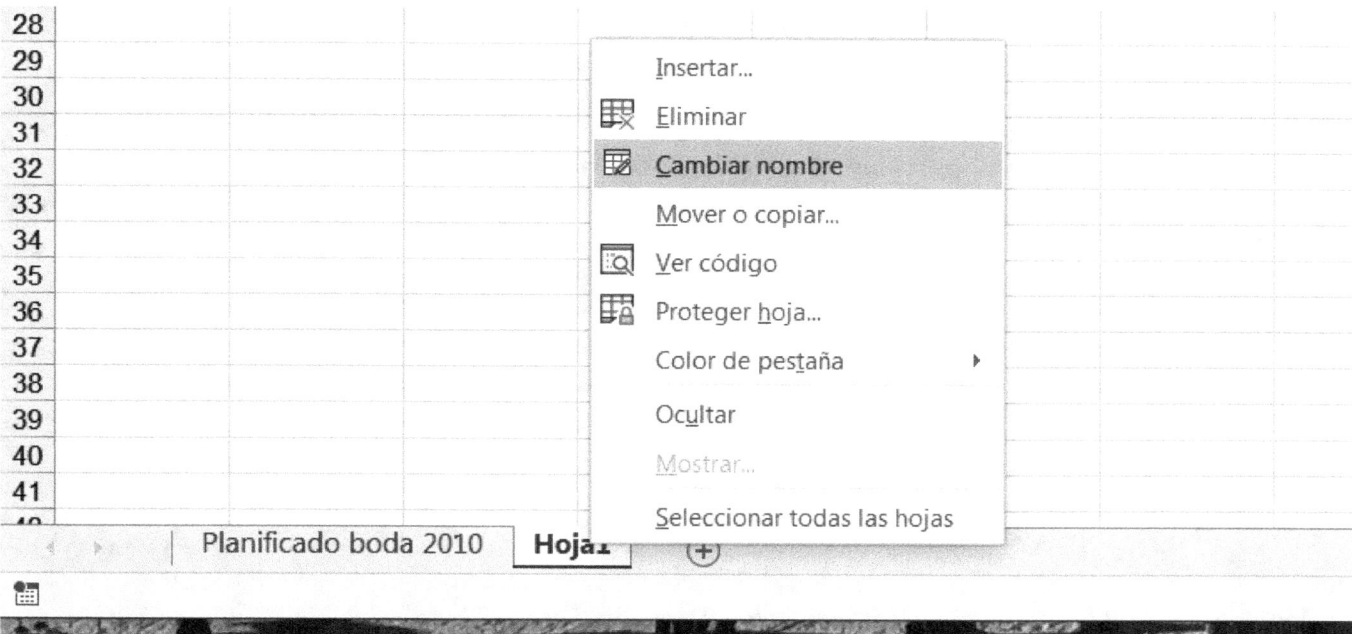

Figura 4.7: Menú de opciones de la hoja

2. Selecciona la opción $\boxed{\text{Cambiar nombre}}$.

3. Escribe el nuevo nombre. En este caso vamos a llamar $\boxed{\texttt{Gastos}}$ a la nueva hoja.

- Repite los pasos anteriores para crear una nueva hoja que llamaremos $\boxed{\texttt{Categorías}}$.

Con estos pasos habremos añadido a nuestro las dos nuevas hojas que vamos a utilizar para mejorar el presupuesto. Las pestañas del libro han de presentar un aspecto similar al de la figura 4.8.

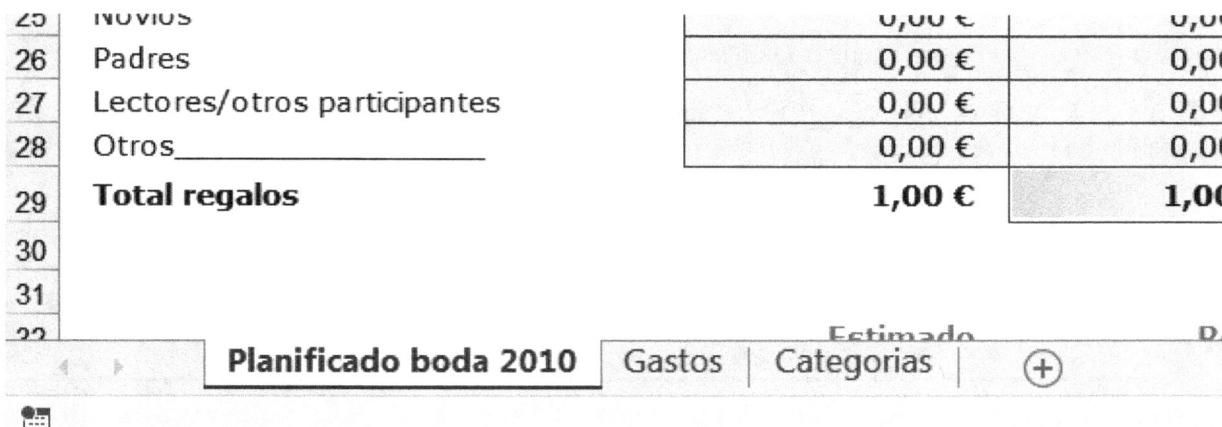

Figura 4.8: Nuestro libro con tres hojas

4.4.2   Crear una lista de entrada de datos

Uno de los requerimientos de nuestra nueva plantilla mejorada es que solo se puedan introducir las categorías definidas a través de una lista. Excel tiene la herramienta $\boxed{\text{Datos}} \gg \text{Herramienta de Datos} \gg \boxed{\text{Validación de Datos}}$ para realizar estas tareas.

Pero primero, tenemos que generar la lista de categorías a la que queremos restringir la entrada de datos. Para ello vamos a partir de las categorías que ya están definidas en la hoja original de Presupuesto de Boda.

Como ya hemos visto, la hoja está construida en base a agrupar distintos conceptos bajo una categoría. Vamos a utilizar estos conceptos como base para construir nuestra lista.

 Para no alargar mucho la descripción del procedimiento de modificación de la plantilla, vamos a construir la lista solo para un par de categorías. Vamos a coger **Ropa** y **Regalos** como ejemplo.

Crear la lista de conceptos de categoría es muy sencillo. Vamos a construir una nueva tabla cuyos elementos apunten a las celdas que definen los conceptos. Para ello:

- Seleccionamos la hoja $\boxed{\texttt{Categorías}}$. Solo hay que pinchar sobre su pestaña. Aparecerá una hoja en blanco.

- Selecciona una celda, por ejemplo, la **B3**

- Pulsa la tecla $\boxed{=}$ para comenzar la entrada de una nueva formula.

- Pincha ahora la pestaña de la hoja **Planificado boda 2010**

- Selecciona la celda **A8** (pincha sobre ella). En la barra de formulas aparecerá el texto

$$\boxed{=' \text{ Planificado boda 2010'!A8}} \tag{4.5}$$

- Pulsa la tecla $\boxed{\text{Intro}}$ o $\boxed{\hookleftarrow}$ para finalizar la entrada de la ecuación.

En la celda **B3** de la hoja $\boxed{\texttt{Categorías}}$ ha aparecido el texto "**Anillo de compromiso**" al ejecutarse la fórmula que acabamos de crear.

 Al hacer referencia a otras celdas dentro de una fórmula, podemos incluir celdas que están en la misma hoja, en otra hoja del mismo libro o en hojas de libros distintos al que estamos trabajando.

Ahora tenemos que hacer lo mismo con el resto de los conceptos para ir construyendo la lista. Podemos repetir los pasos anteriores para cada uno de ellos, lo que es muy tedioso, o dejar que Excel realice su magia:

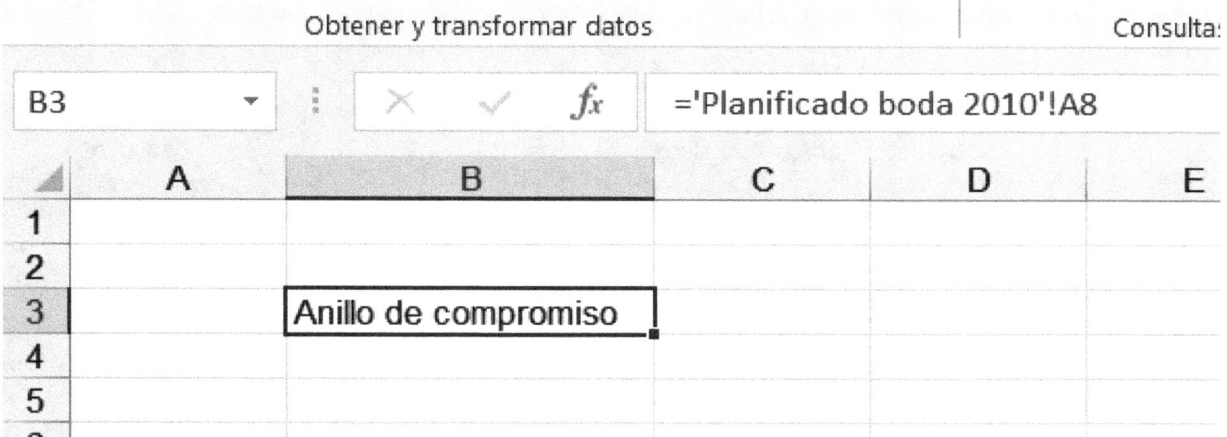

Figura 4.9: Celda **B3** de la hoja `Categorías`

- Selecciona la celda **B3** de la hoja `Categorías`, como se muestra en la figura 4.9

- Si te fijas, en la esquina inferior derecha de la celda seleccionada aparece un pequeño cuadrado. Mueve el cursor hasta ponerlo encima de ese cuadrado. El cursor cambiará de forma para pasar a ser una pequeña cruz negra (+)

- Pulsa el botón izquierdo del ratón cuando el cursor tiene la forma (+) y sin soltar arrastra hacia abajo hasta cubrir la celda **B13** (fíjate en la figura 4.10

Figura 4.10: Arrastrar celda **B3** para copiar la fórmula

- Cuando llegues a la celda **B13**, suelta el botón izquierdo del ratón. La formula se habrá copiado a todas las celdas.

Al finalizar estas operaciones, debería de tener una tabla similar a la de la figura 4.11.

	Obtener y transformar datos		Consultas y

| B13 | ▼ | : | ✕ | ✓ | *fx* | ='Planificado boda 2010'!A18 |

◢	A	B	C	D	E
1					
2					
3		Anillo de compromiso			
4		Anillos de boda			
5		Vestido de novia			
6		Velo			
7		Zapatos			
8		Joyas			
9		Liga			
10		Medias			
11		Esmoquin del novio			
12		Zapatos del novio			
13		Otros			
14					

Figura 4.11: Conceptos de la categoría **Boda**

 Ahora repite los pasos anteriores para añadir los conceptos de la categoría **Regalos** a partir de la celda **B14**. Deberías obtener una lista similar a la mostrada en la figura 4.12.

Observando la lista recién creada, vemos que tenemos los conceptos pero hemos perdido la información de la categoría a la que pertenece, por lo que queda un poco confuso.

También podemos observar que hay conceptos duplicados (**Otros**), que pertenecen a categorías distintas, lo que hace que aumente la confusión.

Vamos a ver cómo podemos mejorar la lista para que resulte más clara y no nos lleve a errores. Para ello, añadiremos delante de cada concepto la categoría a la que pertenece. Vamos a necesitar una fórmula un poco más elaborada.

| B18 | ▾ | ⋮ | ✕ | ✓ | *fx* | ='Planificado boda 2010'!A28 |

◢	A	B	C	D
1				
2				
3		Anillo de compromiso		
4		Anillos de boda		
5		Vestido de novia		
6		Velo		
7		Zapatos		
8		Joyas		
9		Liga		
10		Medias		
11		Esmoquin del novio		
12		Zapatos del novio		
13		Otros_____		
14		Asistentes		
15		Novios		
16		Padres		
17		Lectores/otros participantes		
18		Otros_____		
19				

Figura 4.12: Conceptos de las categorías **Ropa** y **Regalos**

Excel dispone de multitud de funciones para realizar cálculos y actividades diversas. Hasta ahora, en este capitulo solo hemos visto la función **SUMA()**.

Nuestro objetivo es unir dos textos separados por el símbolo ' : '. En nuestro caso, que aparezca como "**Categoria:Concepto**". Para ello vamos a utilizar la función **CONCATENAR()**:

- Selecciona la celda **B3** de la hoja Categorías

- Borra el contenido de la celda **B3** pulsando la tecla Sup. o ⌫

- En lugar de escribir la fórmula directamente, en esta ocasión vamos a utilizar el *Editor de Fórmulas*. Pulsa sobre el símbolo *fx* como muestra la figura 4.13.

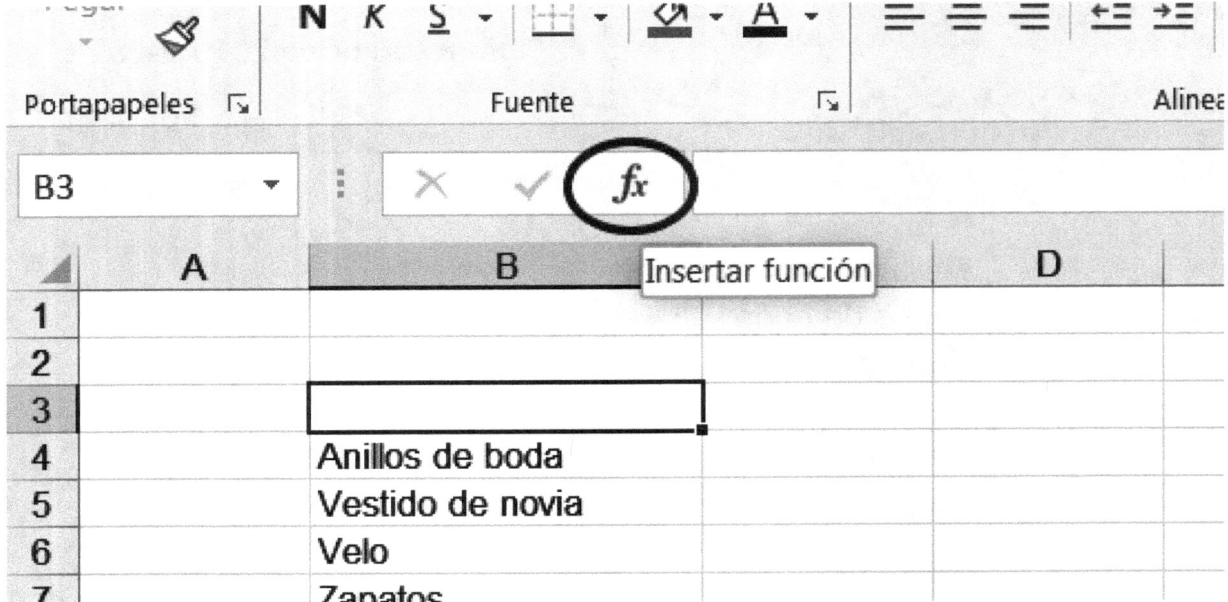

Figura 4.13: Activar el *Editor de Fórmulas* para introducir una nueva fórmula

- Se abrirá un cuadro de diálogo correspondiente al *Editor de Fórmulas*. Lo primero es buscar la función **CONCATENAR()**. En el en cuadrado de **Buscar una función** escribe **concatenar** y pulsa el botón **Ir**. Debe aparecer algo similar a lo mostrado en la figura 4.14

- De las funciones mostradas en la búsqueda, selecciona **CONCATENAR** y pulsa el botón **Aceptar**. Aparecerá el diálogo para introducir los argumentos de la función (figura 4.15)

- Vamos a introducir el primer argumento, que es el nombre de la categoría. Pulsa sobre la flecha hacia arriba de **Texto1** (remarcado en la figura 4.15). Se abrirá el selector de celdas (figura 4.16)

- Selecciona la hoja **Planificado boda 2010** y selecciona la celda **A7**. Deberías obtener un resultado como el que aparece en la figura 4.16

- Pulsa la tecla **Intro** o **↵** para finalizar la selección. Volverás al diálogo de introducir argumentos.

- En el espacio para **Texto2** escribe en carácter que vayas a utilizar como separador entre la clase y el concepto, que ha de ir entre comillas. Yo en este ejemplo he utilizado **":"**

- En **Texto3** introduce la celda **A8** de la hoja **Planificado boda 2010**. Tres pasos más arriba te he explicado como seleccionar celdas. Ahora deberías tener un resultado similar a la figura 4.17

- Pulsa **Aceptar** para terminar de introducir las fórmula.

 Al ir introduciendo argumentos para una función, Excel nos va mostrando los valores introducidos y el resultado de aplicar la función. Es la figura 4.17 he remarcado donde aparece el resultado de aplicar los argumentos a la función. Si has introducido algún parámetro de forma incorrecta, ahí aparecerá un mensaje de error

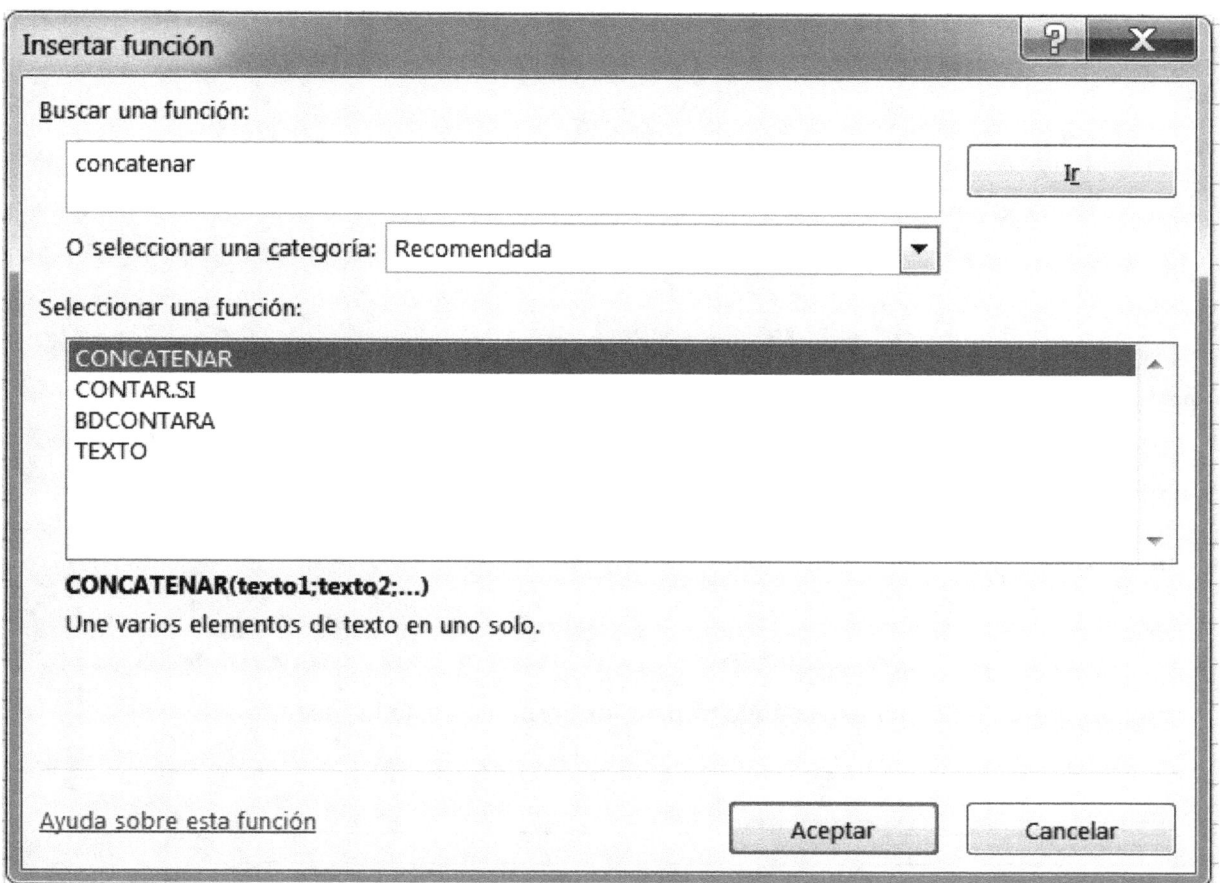

Figura 4.14: Cuadro de diálogo *Insertar función*

Ya tenemos la celda **B3** con el texto correcto:
Ropa:Anillo de compromiso.

Ahora hay que actualizar las fórmulas del resto de la lista. Para ello, copia la celda **B3** a las celdas **B4:B13** arrastrando la esquina inferior derecha de la celda **B3**. Anímate, ya lo has hecho antes. Deberías obtener un resultado similar a la figura 4.18

Pero algo no ha salido bien, pues ha concatenado una celda con la de arriba. Esto es porque Excel ha utilizado referencias relativas para indicar la celdas.

Si observas las fórmulas de las distintas celdas, verás que en **B3** hacemos referencia a las celdas **A7** y **A8** de la hoja **Planificado boda 2010**, y en la celda **B4** hacemos referencia a **A8** y **A9**. Al ir copiando hacia abajo, hemos ido incrementando el número de la fila a la que hacíamos referencia.

El uso de referencias relativas es muy útil en las mayoría de las ocasiones, pero en este caso nos gustaría que la fórmula no modificara la referencia a la celda **A7** cuando copiamos hacia abajo. Para ello tenemos que usar la notación de *referencias absolutas*, que se obtienen simplemente poniendo el símbolo **$** delante del índice de fila y/o columna.

Las referencias a otras celdas dentro de una fórmula funcionan de la siguiente manera:

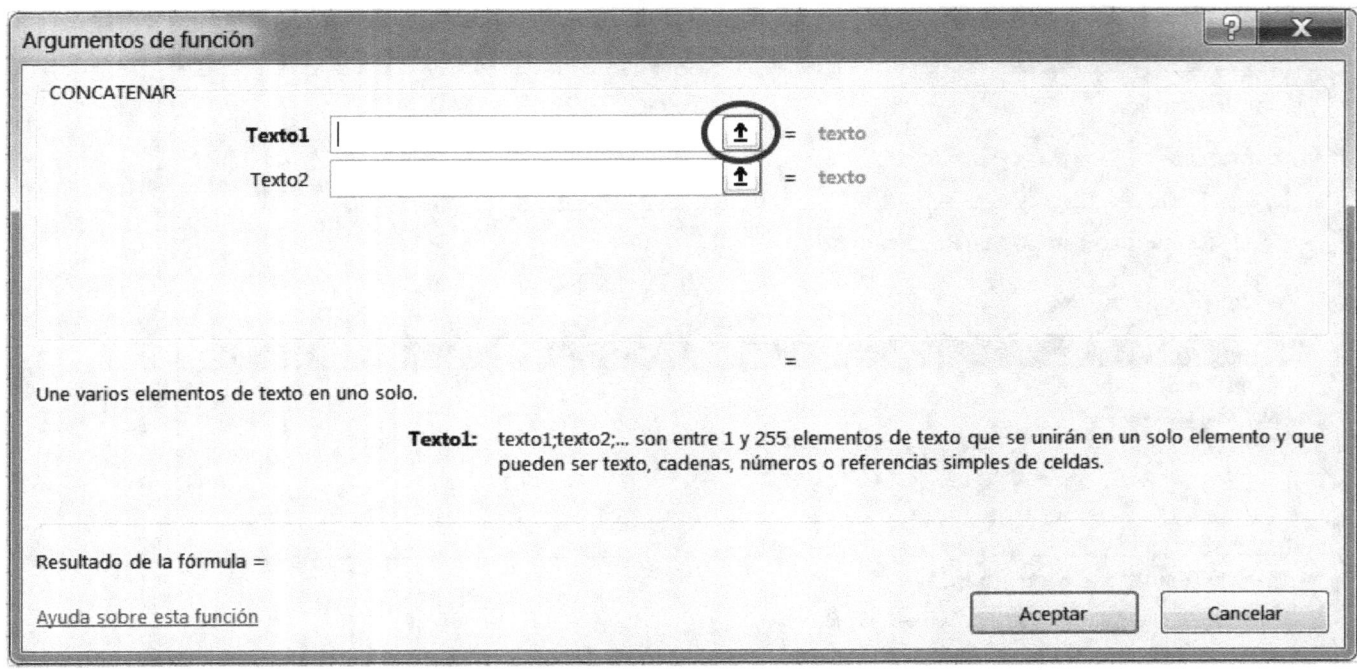

Figura 4.15: Cuadro de diálogo para los argumentos de la función

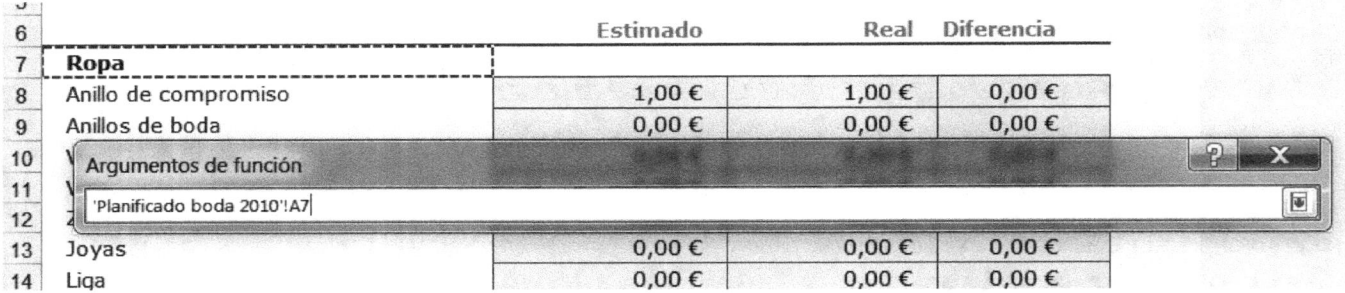

Figura 4.16: Cuadro de diálogo para capturar celdas

- **A7** - *Referencia relativa a fila y columna*: al copiar la fórmula hacia arriba o hacia abajo, cambiará el índice de fila; al hacerlo a derecha o izquierda cambiará el índice de columna.

- **$A7** - *Referencia relativa a fila y absoluta a columna*: al copiar la fórmula hacia arriba o hacia abajo, cambiará el índice de fila; al hacerlo a derecha o izquierda se mantendrá fijo el índice de columna.

- **A$7** - *Referencia absoluta a fila y relativa a columna*: al copiar la fórmula hacia arriba o hacia abajo, se mantendrá fijo el índice de fila; al hacerlo a derecha o izquierda cambiará el índice de columna.

- **A7** - *Referencia absoluta a fila y columna*: independientemente de a donde se copie la fórmula, se mantendrán fijos los índices de fila y columna.

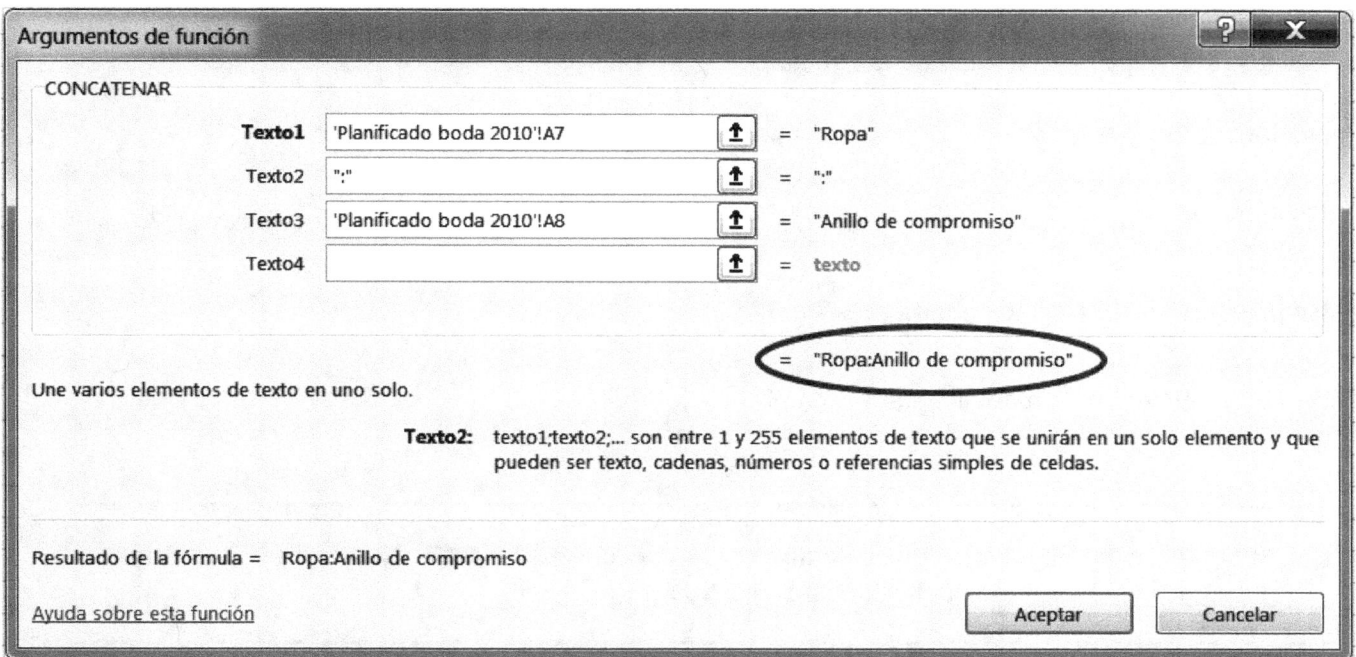

Figura 4.17: Argumentos completados para **CONCATENAR**

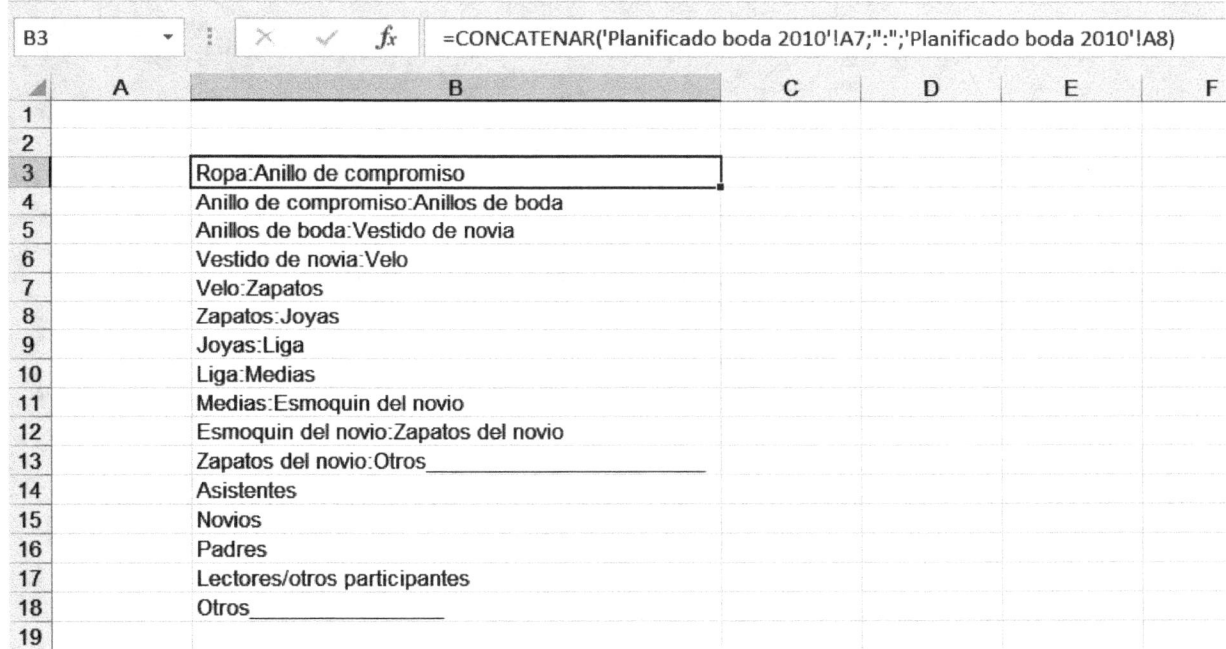

Figura 4.18: Lista generada con errores

 Cuando edites una fórmula a mano, puedes cambiar entre las distintas referencias a celda pulsado la tecla F4

Con la información que te he dado, ya podemos arreglar la fórmula de la celda **B3**: hay que poner una referencia absoluta a fila y columna para la celda **A7**:

- Selecciona la celda **B3** de la hoja `Categorías`

- Pincha en la barra de fórmulas encima de donde pone **A7**. El cursor se quedará entre la **A** y el **7**

- Pulsa la tecla `F4`. El texto cambiará de **A7** a **A7**

- Pulsa la tecla `Intro` o `⏎` para aceptar los cámbios

 Si al pulsar `F4` le has dado más de una vez, aparecerá **A$7** o **$A7**. No te preocupes. Sigue pulsando `F4` hasta que vuelva a aparecer **A7**

Ahora la celda **B3** debería de contener la siguiente fórmula:

$$=\text{CONCATENAR}('\text{Planificado boda 2010}'!\$A\$7;":";'\text{Planificado boda 2010}'!A8)$$ (4.6)

Copiamos la celda **B3** al rango **B3:B13** y ya tenemos correcta la primera parte de la lista. Deberías tener una lista similar a la mostrada en la figura 4.19

B13	fx	=CONCATENAR('Planificado boda 2010'!A7;":";'Planificado boda 2010'!A18)

	A	B	C	D	E	F
1						
2						
3		Ropa:Anillo de compromiso				
4		Ropa:Anillos de boda				
5		Ropa:Vestido de novia				
6		Ropa:Velo				
7		Ropa:Zapatos				
8		Ropa:Joyas				
9		Ropa:Liga				
10		Ropa:Medias				
11		Ropa:Esmoquin del novio				
12		Ropa:Zapatos del novio				
13		Ropa:Otros_____				
14		Asistentes				
15		Novios				
16		Padres				
17		Lectores/otros participantes				
18		Otros_____				
19						

Figura 4.19: Lista corregida parcialmente

Ahora haz lo mismo para los conceptos de la categoría **Regalos**, que están en las celdas **B14:B18**. Al final, la lista debería de quedar como la de la figura 4.20.

	B22	▼	:	✕	✓	*fx*					

◢	A	B	C	D	E	F
1						
2						
3		Ropa:Anillo de compromiso				
4		Ropa:Anillos de boda				
5		Ropa:Vestido de novia				
6		Ropa:Velo				
7		Ropa:Zapatos				
8		Ropa:Joyas				
9		Ropa:Liga				
10		Ropa:Medias				
11		Ropa:Esmoquin del novio				
12		Ropa:Zapatos del novio				
13		Ropa:Otros_____				
14		Regalos:Asistentes				
15		Regalos:Novios				
16		Regalos:Padres				
17		Regalos:Lectores/otros participantes				
18		Regalos:Otros_____				
19						

Figura 4.20: Lista finalizada

4.4.3   Crear la tabla para la entrada de gastos

Ya que tenemos creada la tabla de conceptos para los gastos, vamos a crear la tabla donde anotarlos:

- Empieza seleccionando la hoja `Gastos` que ha de aparecer vacía.

- Añade las cabeceras de la tabla (te indico las celdas y el valor):

  - **B3** - *Fecha*
  - **C3** - *Categoría*
  - **D3** - *Descripción*
  - **E3** - *Importe*

- Selecciona el rango de celdas **B3:E4**

- Ve a la herramienta de la Cinta `Insertar` ≫ Tablas ≫ Tabla

- Cuando aparezca el diálogo de **Crear Tabla** selecciona la opción ***"La tabla tiene encabezados"*** y pulsa el botón Aceptar

Observarás que las celdas que has convertido en tabla han cambiado de aspecto (figura 4.21). Al crear la tabla, has agrupado las celdas seleccionadas en un objeto de categoría superior llamado *Tabla*.

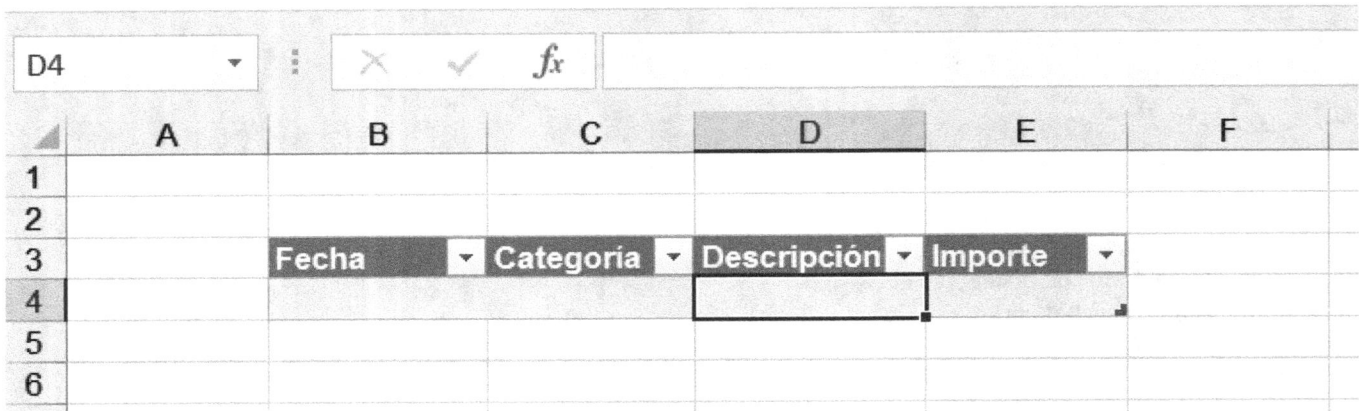

Figura 4.21: Tabla de gastos básica

Ahora vamos a definir la restricción de entrada de categorías limitada a la lista que acabamos de crear:

- Selecciona la celda **C4**, la que está de bajo del rótulo de **Categoría**

- Accede a la herramienta de la Cinta Datos ⟩ Herramientas de Datos ⟩ Validación de Datos . Se abrirá el diálogo mostrado en la figura 4.22

- En el campo **Permitir** selecciona la opción ***Lista***

- En el campo **Origen** introduce el rango de celdas de la lista que hemos creado anteriormente, es decir **B3:B18** de la hoja **Categorías** (ya has practicado antes cómo hacer esta selección con el ratón)

- Asegúrate de que está marcada la opciones de ***Omitir blancos*** para que no aparezcan blancos en la lista

- Marca la opción ***Celda con lista desplegable*** para que se muestren los conceptos en forma de lista.

- Por último, pulsa el botón Aceptar

Ahora aparecerá un símbolo de desplegar lista cada vez que selecciones la celda **C3**. Prueba a desplegar la lista y ver su aspecto. También puedes escribir algo en la celda y dar Intro o ↵ . Si lo escrito no coincide con un valor de la lista, mostrará un mensaje de error.

El siguiente paso ajustar algunos aspectos cosméticos de la nueva tabla:

- Selecciona la celda **B4**

- De la herramienta de Cinta **Inicio** ⟩ Número ⟩ Formato de número selecciona la opción Fecha corta de la lista de opciones

- Selecciona la celda **E4**

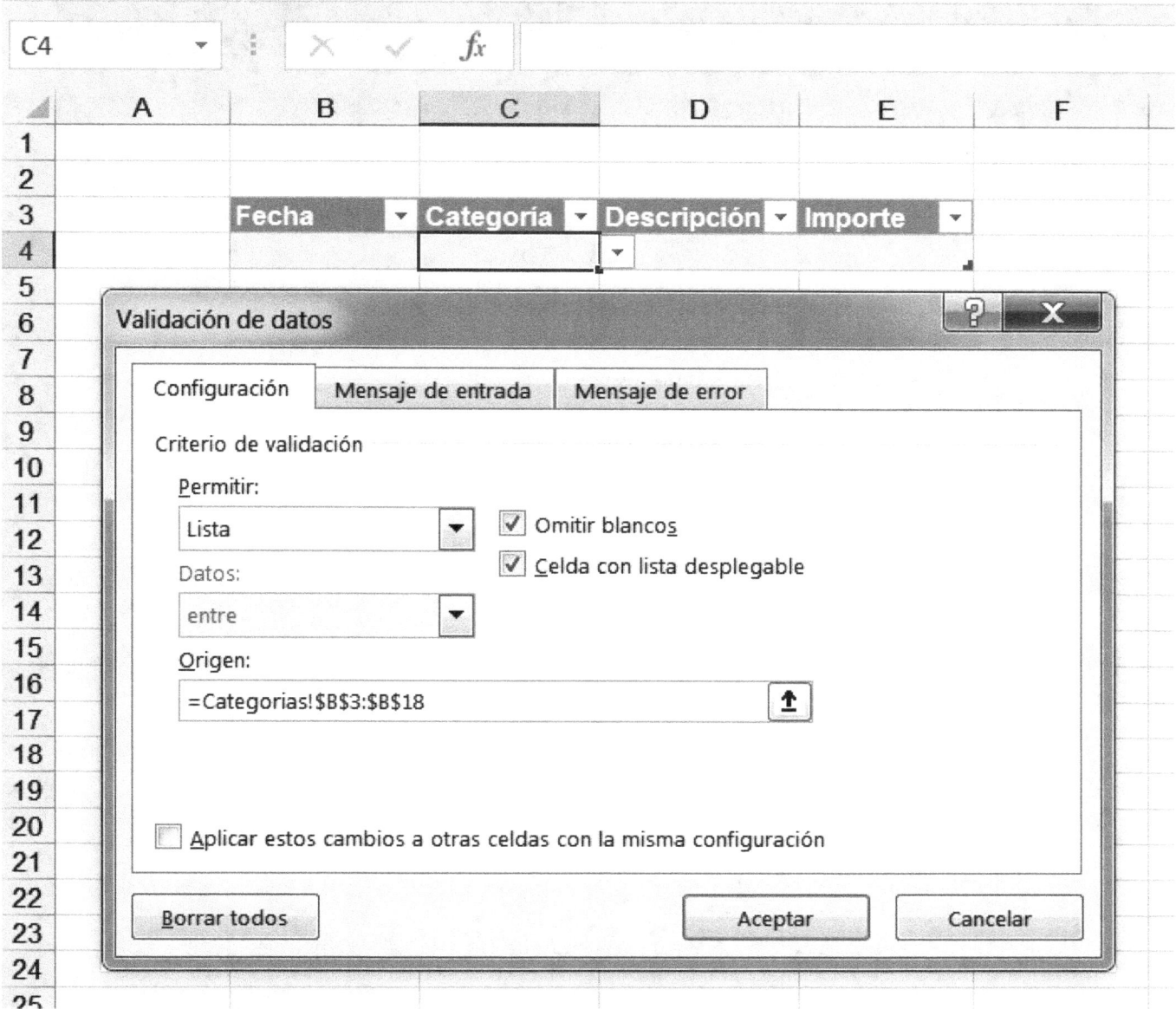

Figura 4.22: Configuración de la lista de entrada de datos

- De la herramienta de Cinta
  Inicio ⟩⟩ Número ⟩⟩ Formato de número de contabilidad selecciona la opción € Euro (€123) de la lista de opciones

- Pincha cualquier celda de la tabla. Verás que aparece una nueva pestaña en la parte superior de la Cinta de Herramientas (figura 4.23)

- Selecciona **Herramientas de tabla** ⟩⟩ Propiedades ⟩⟩ Nombre de tabla e introduce el nombre *Gastos* en el cuadro correspondiente. Con esta operación hemos dado un nombre a la tabla para referirnos a ella cuando la usemos más adelante.

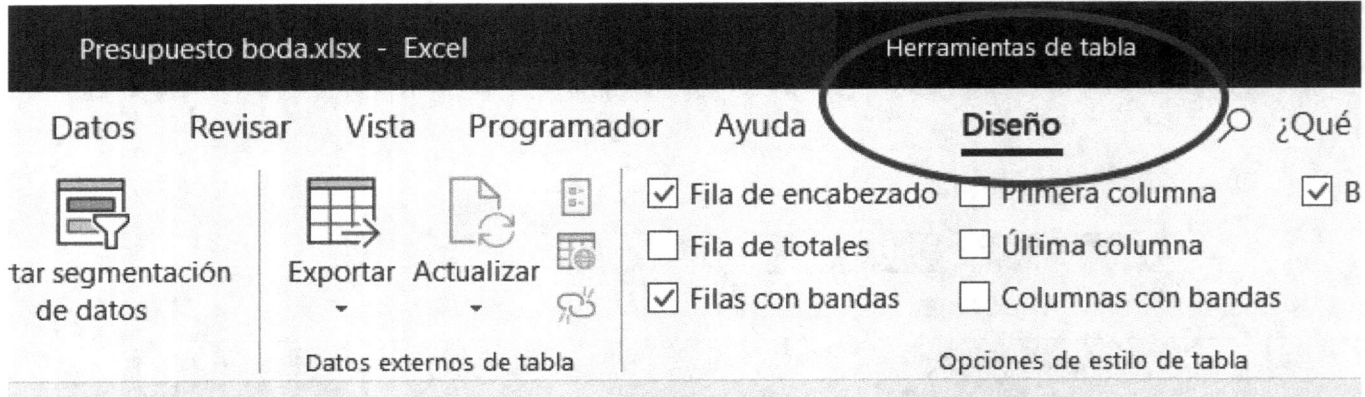

Figura 4.23: Herramientas de Tabla

- Selecciona **Herramientas de tabla** ⟩ Diseño ⟩ Estilos de tabla desplegando todos los estilos pulsando el botón Más. Aparecerá un desplegable con todos los estilos (colores y formas) que se pueden aplicar a la tabla.

- Si desplazas el ratón sobre los estilos, la tabla irá cambiando para mostrar los nuevos colores y formas. Si paras encima de un estilo, aparecerá un texto descriptivo.

- Busca el estilo *Aguamarina, Estilo de tabla medio 11* y pulsa sobre él. La tabla cambiará permanentemente al estilo seleccionado.

- Amplia el número de filas de la tabla pinchando con el ratón la muesca que hay en la esquina inferior derecha de la tabla (fíjate en la figura 4.24), y sin soltar, arrastra hacia abajo.

Figura 4.24: Herramientas de Tabla

Ya estamos listos para introducir los gastos. Añade información a algunas filas. Introduce fecha, concepto, descripción e importe, como por ejemplo, la figura 4.25.

Observarás que la información aparece amontonada. Esto es porque las columnas no son lo suficientemente anchas para mostrar todo el texto. La forma de cambiar el ancho de las columnas es la siguiente:

- Mueve el cursor hasta la zona superior, donde se separan las columnas. Por ejemplo, a la zona donde está la marca de separación de la s columnas **B** y **C** (marcado en rojo en la figura 4.25)

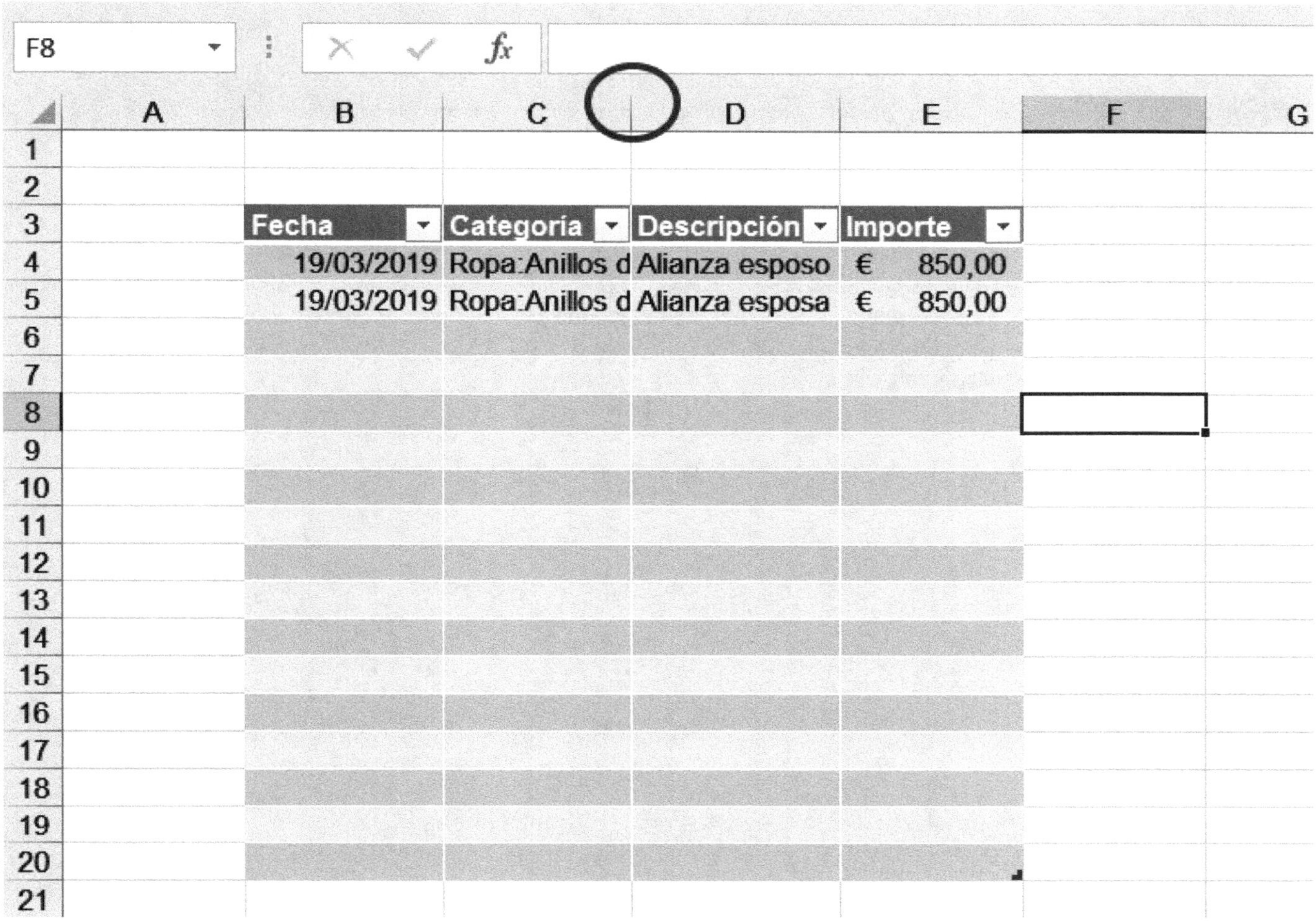

F8	▼	⋮	✕ ✓	*fx*		

	A	B	C	D	E	F	G
1							
2							
3		**Fecha** ▼	**Categoría** ▼	**Descripción** ▼	**Importe** ▼		
4		19/03/2019	Ropa:Anillos d	Alianza esposo	€ 850,00		
5		19/03/2019	Ropa:Anillos d	Alianza esposa	€ 850,00		
6							
7							
8							
9							
10							
11							
12							
13							
14							
15							
16							
17							
18							
19							
20							
21							

Figura 4.25: Tabla de gastos con columnas estrechas

- Cuando el cursor cambie de forma "←→" pulsa el ratón y arrástralo hacia la derecha para ensanchar la columna

- Suelta el ratón para fijar el ancho elegido

 Si en lugar de pinchar y arrastrar haces doble click, el tamaño de la columna se ajustará automáticamente a la longitud de los datos introducidos

Ahora debes tener una tabla con un aspecto similar al mostrado en la figura 4.26

Ya tenemos la tabla de gastos e información introducida, así que solo nos queda sumar cada una de las categorías e introducir los resultados en el presupuesto

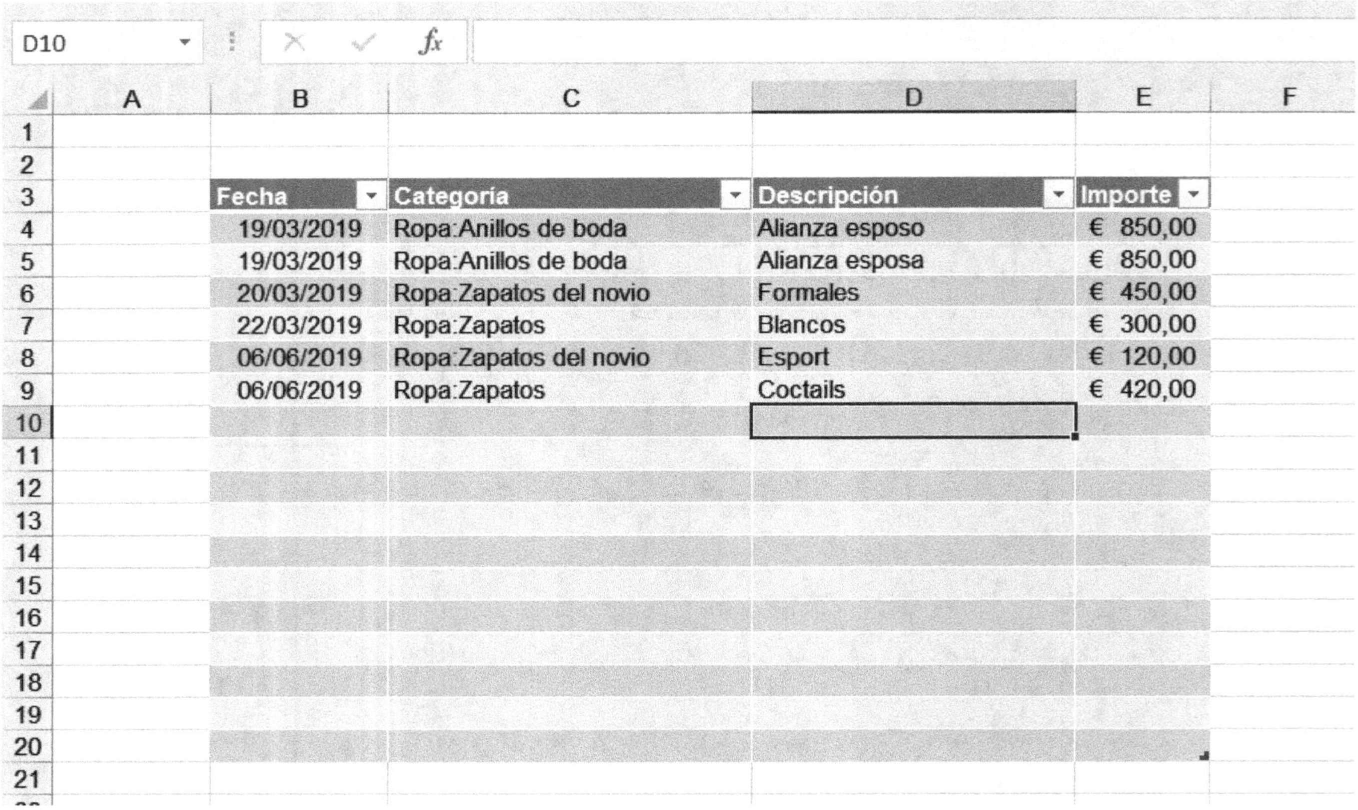

Fecha	Categoría	Descripción	Importe
19/03/2019	Ropa:Anillos de boda	Alianza esposo	€ 850,00
19/03/2019	Ropa:Anillos de boda	Alianza esposa	€ 850,00
20/03/2019	Ropa:Zapatos del novio	Formales	€ 450,00
22/03/2019	Ropa:Zapatos	Blancos	€ 300,00
06/06/2019	Ropa:Zapatos del novio	Esport	€ 120,00
06/06/2019	Ropa:Zapatos	Coctails	€ 420,00

Figura 4.26: Tabla de gastos con columnas anchas

4.4.4 Sumar los gastos de cada categoría

Hasta ahora, para totalizar valores hemos utilizado la función **`SUMA()`**. Esta función suma todos los valores especificados o los de un rango de celdas. Pero Excel tiene otras funciones más interesantes para sumar datos:

- **`SUMAR.SI()`**: Suma las celdas que cumplen determinado criterio o condición
- **`SUMAR.SI.CONJUNTO()`**: Suma las celdas que cumplen un determinado conjunto de condiciones o criterios

En nuestro caso, vamos a usar la función **`SUMAR.SI()`**:

- Ve a a la hoja `Planificado boda 2010`
- Selecciona la celda **`C8`**, correspondiente al gasto real de los anillos de compromiso.
- Comienza a introducir una fórmula en esa celda pulsando sobre el símbolo ***Insertar función (fx)*** de la barra de fórmula. Se abrirá el diálogo de editar fórmulas.
- Busca la función **`SUMAR.SI()`** y selecciónala
- En el parámetro *Rango*, escribe **`Gastos[Categoría]`**. Así indicamos que coja toda la columna ***Categoría*** de la tabla ***Gastos*** que hemos definido anteriormente. Esta es la columna en la que vamos a aplicar el criterio de filtrado.

- En el parámetro **Criterio** introduce la celda **B3** de la hoja **Categorías**. Es el primer elemento de la lista de categorías que hemos creado. Solo vamos a sumar las filas cuya *Categoría* coincida con este valor.

- En el parámetro **Rango_suma** introduce **Gastos[Importe]**. Indica de cuál columna hay que coger los valores a sumar.

- Deberías tener el cuadro de edición de fórmula como se indica en la figura 4.27. Pulsa el botón Aceptar para terminar de introducir la fórmula.

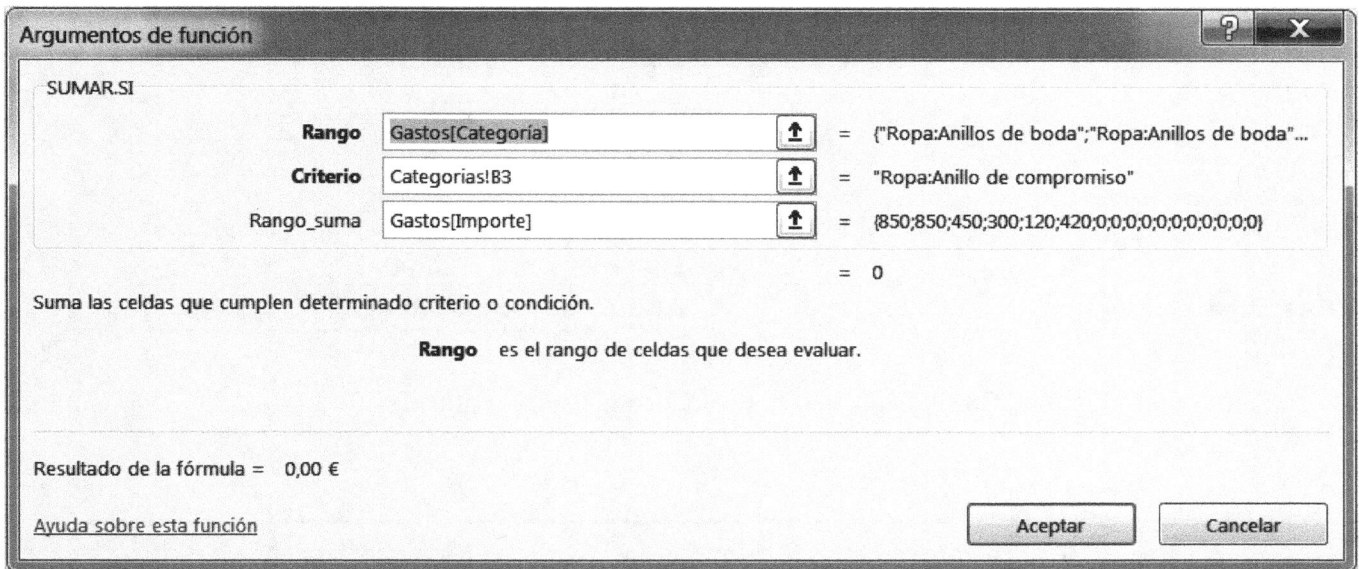

Figura 4.27: Parámetros para **SUMAR.SI()**

- Ve a la hoja **Planificado boda 2010** y copia la celda **C8** al rango **C9:C18**

Si para copiar no te convence el método de arrastrar la celda, puedes probar:
Selecciona la celda **C8**. Pulsa las teclas Ctrl + C . Selecciona el rango de celdas **C9:C18**.
Pulsa las teclas Ctrl + V .

Como puedes comprobar, se han sumado los gastos por conceptos de *Ropa* y se han actualizado los valores en las celdas correspondientes (figura 4.28).

Cada vez que introduzcas nuevas líneas de gastos en la tabla *Gastos*, el presupuesto se irá actualizando automáticamente.

		Estimado	Real	Diferencia
	Gastos totales	**10,00 €**	**2.999,00 €**	2.989,00 €

		Estimado	Real	Diferencia
7	**Ropa**			
8	Anillo de compromiso	1,00 €	0,00 €	1,00 €
9	Anillos de boda	0,00 €	1.700,00 €	1.700,00 €
10	Vestido de novia	0,00 €	0,00 €	0,00 €
11	Velo	0,00 €	0,00 €	0,00 €
12	Zapatos	0,00 €	720,00 €	720,00 €
13	Joyas	0,00 €	0,00 €	0,00 €
14	Liga	0,00 €	0,00 €	0,00 €
15	Medias	0,00 €	0,00 €	0,00 €
16	Esmoquin del novio	0,00 €	0,00 €	0,00 €
17	Zapatos del novio	0,00 €	570,00 €	570,00 €
18	Otros_____	0,00 €	0,00 €	0,00 €
19	**Total ropa**	**1,00 €**	**2.990,00 €**	2.989,00 €

Figura 4.28: Presupuesto boda con los gastos actualizados

Ya que has creado la lista de categorías para **Regalos**, añade las fórmulas para que se totalicen sus conceptos. Para ver si lo has hecho bien, añade algunos gastos de la categoría de **Regalos** (distintos conceptos) y suma sus importes a mano y comprueba que coinciden con los resultados que ofrece Excel.

Ya estás listo para planificar y controlar tu presupuesto de forma detallada.

APÉNDICE A
ATAJOS DE TECLADO PARA
WINDOWS Y macOS

A continuación encontrarás unas listas de los métodos abreviados de teclado (o atajos de teclado) basada en la página de ayuda de Excel. Alguno de ellos podrían no estar disponibles en todas las versiones de Excel.

Los métodos abreviados (o atajos) de teclado te permiten completar rápidamente los comandos y funciones sin usar el ratón.

Para organizar las listas se ha seguido la asignación de teclas de Excel 2016 para Windows (primera columna). En la segunda columna se muestra su equivalente en Excel 2016 para Mac, si este atajo de teclado existe.

Muchos de los métodos abreviados que usan la tecla Ctrl en la versión de Windows funcionan también con la tecla ctrl de Excel 2016 para Mac, pero no todos lo hacen.

Los métodos abreviados mostrados se refieren a la distribución del teclado de España. Las teclas de otras distribuciones pueden no corresponder exactamente con las teclas de un teclado de España.

Tabla A.1: Métodos abreviados de teclado más utilizados

Windows	macOS	Descripción
Ctrl + G	⌘ + S o ⌥ + S	Guarda el libro de Excel.
Ctrl + C	⌘ + C o ⌥ + C	Copia las celdas seleccionadas.
Ctrl + V	⌘ + V o ⌥ + V	Inserta el contenido del portapapeles de Office en el punto de inserción y reemplaza cualquier selección. Disponible solamente después de haber cortado o copiado un objeto, texto o el contenido de una celda.
Ctrl + X	⌘ + X o ⌥ + X	Corta las celdas seleccionadas colocándolas en el portapapeles.
Ctrl + Z	⌘ + Z o ⌥ + Z	Deshace el último comando o acción si es posible.
Supr	⌦	Elimina el contenido de la celda (datos y fórmulas) seleccionada sin afectar al formato ni a los comentarios. En el modo de edición de celdas elimina el carácter situado a a derecha del punto de inserción.

Tabla A.2: Métodos abreviados de teclado que incluyen la tecla `Control`

Windows	macOS	Descripción
`Ctrl` + `⇧` + `(`	`⌘` + `⇧` + `(`	Muestra las filas ocultas dentro de la selección.
`Ctrl` + `⇧` + `&`		Aplica un contorno a las celdas seleccionadas.
`Ctrl` + `⇧` + `_`	`⌘` + `⌥` + `0`	Quita el contorno de las celdas seleccionadas.
`Ctrl` + `⇧` + `$`	`⌘` + `⇧` + `$`	Aplica el formato Ctrl+Moneda con dos decimales (los números negativos aparecen entre paréntesis)
`Ctrl` + `⇧` + `%`	`⌘` + `⇧` + `%`	Aplica el formato **Porcentaje** sin decimales.
`Ctrl` + `⇧` + `!`	`⌘` + `⇧` + `!`	Aplica el formato **Número** con dos decimales, separador de miles y signo menos (-) para los valores negativos.
`Ctrl` + `⇧` + `*`	`ctrl` + `/`	Selecciona la región que rodea la celda activa (el área de datos delimitada por filas y columnas en blanco). En una tabla dinámica selecciona todo el informe.
`Ctrl` + `⇧` + `:`	`⌘` + `;`	Inserta la hora actual
`Ctrl` + `⇧` + `"`	`ctrl` + `⇧` + `"`	Copia el valor de la celda que está encima de la celda activa en la celda o barra de fórmulas.
`Ctrl` + `⇧` + `-`	`⌘` + `-`	Abre el cuadro de diálogo `Eliminar` para eliminar las celdas seleccionadas.
`Ctrl` + `;`	`ctrl` + `;`	Inserta la fecha actual.
`Ctrl` + `1`	`⌘` + `1` o `⌥` + `1`	Abre el cuadro de diálogo `Formato de celdas`.
`Ctrl` + `2`	`⌘` + `B` o `⌥` + `B`	Aplica o quita el formato de negrita.
`Ctrl` + `3`	`⌘` + `I` o `⌥` + `I`	Aplica o quita el formato de cursiva.
`Ctrl` + `4`	`⌘` + `U`	Aplica o quita el formato de subrayado.
`Ctrl` + `5`	`⌘` + `⇧` + `X`	Aplica o quita el formato de tachado.
`Ctrl` + `8`	`ctrl` + `8`	Muestra u oculta símbolos de esquema.
`Ctrl` + `9`	`ctrl` + `9`	Oculta las filas seleccionadas.
`Ctrl` + `0`	`ctrl` + `0`	Oculta las columnas seleccionadas.
`Ctrl` + `A`	`⌘` + `O`	Muestra la sección `Archivo`.
`Ctrl` + `⇧` + `A`	`ctrl` + `⇧` + `A`	Inserta nombres de argumentos y paréntesis cuando el punto de inserción está a la derecha del nombre de una función en una fórmula.
`Ctrl` + `B`	`⌘` + `F` o `ctrl` + `F` o `⇧` + `F5`	Abre el cuadro de diálogo `Buscar y reemplazar` con la pestaña `Buscar` seleccionada.

Windows	macOS	Descripción
Ctrl + D		Copia en la celda seleccionada el contenido y el formato de la celdas que está a la derecha.
Ctrl + ⇧ + F	⌘ + 1	Abre el cuadro de diálogo Formato de celdas con la pestaña Fuente seleccionada.
Ctrl + I	⌘ + I	Activa/desactiva el formato de fuente *itálica*.
Ctrl + L	⌘ + M o ⌘ + ⌥ + N	Abre el cuadro de diálogo Buscar y reemplazar con la pestaña Reemplazar seleccionada.
Ctrl + N	⌘ + B o ⌘ + ⌥ + N	Activa / desactiva el formato de fuente **negrita**.
Ctrl + ⇧ + O		Selecciona todas las celdas que contienen comentarios.
Ctrl + P	⌘ + P o ⌥ + P	Muestra la sección Imprimir.
Ctrl + R	⌘ + W	Cierra la ventana del libro seleccionado.
Ctrl + S	⌘ + U	Activa / desactiva el formato de fuente subrayado.
Ctrl + T	⌘ + T	Abre el cuadro de diálogo Crear tabla.
Ctrl + U	⌘ + O	Abre un nuevo libro de Excel.
Ctrl + ⇧ + U	ctrl + ⇧ + U	Expande o contrae la barra de fórmulas.
Ctrl + Alt-V	⌘ + ctrl + V o ctrl + ⌥ + V o ⌥ + V	Abre el cuadro de diálogo Pegado especial. Disponible solamente después de haber cortado o copiado un objeto, texto o el contenido de una celda.
Ctrl + Y	⌘ + S o ⌥ + S o ⌘ + ⇧ + S	Vuelve a realizar el último comando o acción si es posible.

Tabla A.3: Teclas de función

Windows	macOS	Descripción
F1	F1 o ⌘ + /	Muestra el panel de ayuda de Excel.
Ctrl + F1	⌘ + ⌥ + R	Muestra u oculta la Cinta de Opciones
Alt + ⇧ + F1	⇧ + F11	Inserta una hoja de cálculo nueva en el libro que está abierto.
F2	F2	Abre la celda activa para su edición y coloca el punto de inserción al final del contenido de la celda. También mueve el punto de inserción a la barra de fórmulas cuando la edición de una celda está desactivada.
Ctrl + F2	⌘ + P o ctrl + P	Abre la sección Imprimir.
⇧ + F2	⇧ + F2	Añade un comentario a una celda o abre un comentario que ya existe para su edición.
F3	ctrl + L	Abre el cuadro de diálogo pegar nombre. Esta opción solo está disponible si el libro contiene nombres.
⇧ + F3	⇧ + F3	Abre el cuadro de diálogo Insertar función.
F4	⌘ + T o F4	Activar o desactivar el estilo de referencia entre fórmula absoluta, relativa y mixta.
Ctrl + F4	⌘ + W	Cierra la ventana del libro seleccionado.
Alt + F4	⌘ + Q	Cierra Excel.
F5	F5 o ctrl + G	Abre el cuadro de diálogo Ir a.
Ctrl + F5	⌘ + F10 o ctrl + F10	Minimiza la ventana del libro seleccionado.
F6		Cambia entre la hoja de cálculo, la cinta de opciones y la barra de estado. En una hoja de cálculo que se ha dividido, F6 incluye los paneles divididos cuando se cambia entre los paneles y el área de la cinta de opciones.
Ctrl + F6		Cambia a la ventana del libro siguiente cuando hay más de una abierta.
⇧ + F6		Cambia entre la hoja de cálculo, la cinta de opciones y la barra de estado.
F7	F7	Abre el cuadro de diálogo Ortografía para revisar la ortografía de la hoja de cálculo activa o del rango seleccionado.
Ctrl + F7		Ejecuta el comando Mover en la ventana del libro cuando no está maximizada. Utiliza las teclas del cursor para mover la ventana y, cuando termines, pulsa la tecla Intro o ↵. Pulsa la tecla Esc para cancelar el desplazamiento de la ventana.

Windows	macOS	Descripción
F8	F8	Activa o desactiva el modo **Ampliar selección**. En el modo ampliado aparece **Ampliar selección** en la línea de estado y las teclas del cursor amplían la selección.
Ctrl + F8		ejecuta el comando Tamaño (en el menú Control de la ventana del libro) cuando la ventana del libro no está maximizada.
Alt + F8	⌥ + F8	Abre el cuadro de diálogo Macro para crear, ejecutar, modificar o eliminar una macro.
⇧ + F8	⇧ + F8	Permite añadir celdas o rangos no contíguos a una selección utilizando las teclas del cursor.
Ctrl + F9	ctrl + F9	Minimiza la ventana de un libro y la convierte en un icono en la barra de tareas de Windows.
Ctrl + Alt + ⇧ + F9	⌘ + = o F9	Vuelve a comprobar fórmulas dependientes y calcula todas las celdas de todos los libros abiertos, incluidas las celdas que no tienen marcado que sea necesario calcularlas.
F10		Activa o desactiva las sugerencias de teclas (se obtiene el mismo resultado pulsando la tecla Alt).
⇧ + F10	⇧ + F10	Muestra el menú de contexto del elemento seleccionado.
F11	F11	Crea un gráfico en una hoja diferente a partir de los datos del rango seleccionado.
Alt + F11	⌥ + F11	Abre el Editor de Visual Basic para crear una macro utilizando Visual Basisc para Aplicaciones (VBA).
⇧ + F11	⇧ + F11	Inserta una hoja de cálculo nueva.
F12	F12 o ⌘ + ⇧ + S	Abre el cuadro de diálogo Guardar como.

Tabla A.4: Otros atajo de teclado útiles

Windows	macOS	Descripción
↑ ↓ ← →	↑ ↓ ← →	Mueven el cursor una celda hacia arriba, hacia abajo, hacia la izquierda o hacia la derecha.
Ctrl + ↑ Ctrl + ↓ Ctrl + ← Ctrl + →	⌘ + ↑ ⌘ + ↓ ⌘ + ← ⌘ + →	Mueven el cursor hasta el extremo de la región de datos actual (rango de celdas que contienen datos y que está delimitado por celdas vacías o por los bordes de una hoja de cálculo) en una hoja de cálculo.
⇧ + ↑ ⇧ + ↓ ⇧ + ← ⇧ + →	⇧ + ↑ ⇧ + ↓ ⇧ + ← ⇧ + →	Amplia en una celda una selección de celdas.
Ctrl + ⇧ + ↑ Ctrl + ⇧ + ↓ Ctrl + ⇧ + ← Ctrl + ⇧ + →	⌘ + ⇧ + ↑ ⌘ + ⇧ + ↓ ⌘ + ⇧ + ← ⌘ + ⇧ + →	Amplia la selección de celdas a la última celda no vacía de la misma columna o fila que la celda activa o, si la siguiente celda está en blanco, amplia la selección a la siguiente celda que no esté en blanco.
← →		Selecciona la pestaña que está a la izquierda o la derecha cuando está seleccionada la cinta de opciones. cuando un submenú está abierto o seleccionado estas teclas cambian entre el menú principal y el submenú.
↑ ↓		Selecciona el siguiente comando o el anterior cuando hay abierto un menú o un submenú. Cuando una pestaña de la cinta de opciones está seleccionada, estas teclas permiten desplazarse hacia arriba o hacia abajo en el grupo de pestañas. En un cuadro de diálogo, las teclas del cursor permiten desplazarse entre opciones en un cuadro de lista desplegable abierto o entre opciones en un grupo de opciones.
↓ Alt + ↓	ctrl + ⌥ + ↓	Abre una lista desplegable seleccionada.
Retroceso	←	Elimina un carácter situado a la izquierda en la barra de fórmulas. También borra el contenido de la celda activa. En el modo de edición de celdas elimina el carácter situado a la izquierda del punto de inserción.
Fin	↘	Activa el **Modo final**. En este modo puede pulsar una tecla del cursor para desplazarse a la siguiente celda que no está en blanco en la misma columna o fila que la celda activa. Si las celdas están en blanco, al pulsar la tecla Fin seguida de una tecla del cursor puede desplazarse a la última celda de la fila o columna. Fin también permite seleccionar el último comando del menú cuando un menú o un submenú son visibles.
Ctrl + Fin	⌥ + ↘	Mueve el cursor a la última celda de una hoja de cálculo o hasta la última fila utilizada de la columna que está más a la derecha. Si el cursor está en la barra de fórmulas, Ctrl + Fin lo mueve hsata el final del texto.

Windows	macOS	Descripción
Ctrl + ⇧ + Fin	ctrl + ⇧ + ↘	Amplia la selección de celdas hasta la última celda utilizada de la hoja de cálculo (esquina inferior derecha). Si el cursor está en la barra de fórmulas, Ctrl + ⇧ + Fin selecciona todo el texto de la barra de fórmulas desde la posición del cursor hasta el final del texto (esto no afecta al tamaño de la barra de fórmulas).
Intro	↵	Completa la entrada de una celda en la propia celda o en la barra de fórmulas y selecciona la celda que está debajo (por defecto). En un formulario de datos, se mueve al primer campo del registro siguiente. Abre un menú seleccionado (pulsa F10 para activar la barra de menús) o realiza la acción para un comando seleccionado. En un cuadro de diálogo realiza la acción asignada al botón de comando predeterminado (el botón en negrita, que suele ser el botón Aceptar).
Alt + Intro	ctrl + ⌥ + ↵	Comienza una nueva línea en la misma celda.
⇧ + Intro	⇧ + ↵	Completa la entrada de una celda y selecciona la celda que está encima.
Esc	⟲ o esc	Cancela una entrada en una celda o en la barra de fórmulas. Cierra un menú o submenú, un cuadro de diálogo o una venta de mensaje que estén abiertos. también cierra el modo de pantalla completa y vuelve al modo de pantalla normal para ver de nuevo la cinta de opciones y la barra de estado.
Inicio	↖	Muevo el cursor al principio de una fila en una hoja de cálculo. Permite desplazarse hasta la celda de la esquina superior derecha de la ventana cuando la tecla Bloq Despl está activada. Selecciona el primer comando del menú cuando un menú o submenú son visibles.
Ctr + Inicio	⌥ + ↖	Mueve el cursor al inicio de una hoja de cálculo.
Ctrl + ⇧ + Inicio	ctrl + ⇧ + ↖	Amplia la selección de celdas hasta el comienzo de la hoja de cálculo.
Av Pág	↓ o FN + ↓	Avanza una pantalla en una hoja de cálculo.
Alt + Av Pág	⌥ + ↓	Desplaza hacia la derecha una pantalla en una hoja de cálculo.
Ctrl + Av Pág	ctrl + ↓ o ⌥ + →	Mueve el cursor a la hoja siguiente en un libro.
Re Pág	↑ o FN + ↑	retrocede una pantalla en una hoja de cálculo.
Alt + Re Pág	⌥ + ↑ o ⌥ + ←	Desplaza hacia la izquierda una pantalla en una hoja de cálculo
Ctrl + Re Pág	ctrl + ↑	Mueve el cursor a la hoja anterior de un libro.
Barra espaciadora	Barra espaciadora	Realiza la acción del botón seleccionado en un cuadro de diálogo o selecciona o anula la selección de una casilla de verificación.

Windows	macOS	Descripción
Ctrl + Barra espaciadora	ctrl + Barra espaciadora	Selecciona una columna completa de una hoja de cálculo
⇧ + Barra espaciadora	⇧ + Barra espaciadora	Selecciona una fila completa en una hoja de cálculo
Ctrl + ⇧ + Barra espaciadora	⌘ + A	Selecciona toda la hoja de cálculo. Si la hoja de cálculo contiene datos, Ctrl + ⇧ + Barra espaciadora selecciona la región actual. Si pulsa Ctrl + ⇧ + Barra espaciadora una segunda vez se selecciona la región actual y las filas de resumen. Pulsar Ctrl + ⇧ + Barra espaciadora una tercera vez selecciona toda la hoja de cálculo. Cuando hay un objeto seleccionado, Ctrl + ⇧ + Barra espaciadora selecciona toda los objetos de una hoja de cálculo.
Alt + Barra espaciadora		Muestra el menú Control de la ventana de Excel.
Tab	→	Mueve el cursor hacia la derecha en una hoja de cálculo. Permite desplazarse entre celdas no bloqueadas en una hoja de cálculo protegida. Va a la opción o grupo de opciones siguiente en un cuadro de diálogo.
⇧ + Tab	⇧ + →	Mueve el cursor a la celda anterior en una hoja de cálculo o a la opción anterior de un cuadro de diálogo.
Ctrl + Tab		Cambia a la pestaña siguiente en un cuadro de diálogo.
Ctrl + ⇧ + Tab		Cambia a la pestaña anterior en un cuadro de diálogo.

LISTA DE FIGURAS

AGRADECIMIENTOS

Agradezco a mi mujer su ayuda y apoyo a lo largo de la redacción y elaboración de este libro. Sin su empuje esta obra no se habría realizado. Por las largas horas pasadas revisando el manuscrito y sugiriendo correcciones al estilo.

Agradezco a mis hijos sus comentarios y sugerencias. Me han sido de gran ayuda para depurar párrafos que no quedaban suficientemente claros.

Y te agradezco a ti, lector, el haberme elegido para empezar a explorar el mundo de Excel.

F. R. G.